발달장애 당사자연구

자폐인이 몸, 그리고 세계와 관계맺는 방식

아야야 사츠키(綾屋紗月)·구마가야 신이치로(熊谷晋一郎) 지음
유기훈·안병은·봉성균 옮김

이 책의 저자 아야야 사츠키 씨는 자폐인이다. 그의 내면을 가득 채우는 것은 다양한 신체적·정서적 감각들이다. 이 감각들이 동시에 같은 무게로 밀려올 때마다, 하고 싶은 일과 해야만 하는 일이 복잡하게 얽히고 충돌한다. 나 역시 자폐인의 한 사람으로서 이 책에 추천사를 쓰는 일이 조심스러웠다. 저자가 원행성과 필행성의 모순과 충돌을 묘사하는 날카로운 감각이, 나와 같은 발달장애인의 내면을 깊이 스쳐 지나갔기 때문이다.

신경다양인은 하고 싶은 것이 없는 존재가 아니다. 오히려 하고 싶은 것이 너무 많아, 우선순위를 세우는 일이 쉽지 않을 뿐이다. 이제 이 책을 펼치는 당신 또한 원행성과 필행성의 무게, 그리고 신경다양인의 내밀하고 섬세한 감각의 세계 속으로 빠져들게 될 것이다.

신경다양성 지지모임 '세바다' 대표 **조미정**

자폐인은 사회적 의사소통 장애인으로 불린다. 소통을 막고 있는 장벽이 어떤 것인지도 알지 못한 채 불통의 책임을 그에게 떠넘긴다. 이 책은 자폐인 당사자의 자기연구이자 자기소개다. 이 책을 통해서 우리는 그에게 어떤 장애가 있는지가 아니라 그가 사물과 사람, 세상을 어떻게 체험하는지를 알게 된다.

그런데 놀랍게도 그의 색다른 체험이 나의 체험에 대한 색다른 이해를 가능케 한다. 그의 곤경에서 나는 다른 색, 다른 강도로 펼쳐진 나의 곤경을 본다. 우리는 저마다 다른 색채를 띠지만 하나의 스펙트럼이다. 우리는 이어져 있다. 이제 그것을 확인할 차례이다. 그가 그로부터 나에게 다가온 것처럼 내가 나로부터 그에게 다가갈 차례이다. 천천히 신중하게!

노들장애학궁리소 연구원 고병권

자폐 당사자의 자기 관찰과 자기 표현을 담아낸 이 책은 놀라움과 감동을 동시에 안겨준다. 저자가 자신의 신체 안에 가두어 두었던 마음을 꺼내어 외부자의 시선으로 다시 바라본 이 기록은, 스스로가 동료들과 함께 자신을 탐구하고 해석해 나가는 당사자연구의 진정한 구현이다. 그동안 이해하지 못했던 당사자의 세계가 이 책을 통해 조금씩 열리며, 의문으로만 남아 있던 물음들이 서서히 해소되는 경험을 하게 된다.

만약 독자들이 저자인 아야야 사츠키 씨와 구마가야 신이치로 씨를 직접 만나 보았더라면, 이 '당사자연구'가 지닌 탁월한 의미와 힘을 더욱 실감할 수 있을 것이다. 이 책은 그 만남을 대신하여, 우리로 하여금 당사자의 세계가 지닌 고유한 질감과 깊이에 다가가도록 안내한다.

청주정신건강센터 관장 김대환

스스로 벽을 친 것이 아니라 타인이 다가가지 않은 것이라는 점에서 자폐라는 용어가 결코 맞지 않는다는 생각을 하여 왔습니다. 이 책은 이에 대해 함께 고민할 실마리가 되는 귀중한 내용을 담고 있고, 단순한 다름을 넘어 다채로움을 느껴 볼 기회도 줍니다. 감각포화에 취약한 당사자의 조용하지만 강한 외침이 있습니다. 관련 장애 단체장으로서 일독을 권합니다.

한국자폐인사랑협회 회장 **김용직**

일본 홋카이도 우라카와(浦河)라는 작은 어촌 마을에는 '베델의집(べてるの 家)'이라는 아주 독특한 공동체가 있다. 이곳에는 100여 명의 정신장애 당사자와 그 가족, 동료지원가(peer supporter)*, 비장애 활동가, 그리고 마을 주민들이 함께 어울려 살아간다. 그들은 함께 일하고, 사업을 꾸리며, 회의를 열고, 서로의 이야기에 귀 기울이는 일상을 통해 공동체를 만들어 왔다. 이 책의 제목이기도 한 '당사자연구'라는 독특한 실천론은 바로 이 우라카와 베델의집에서 탄생했다.

베델의집의 시작은 1978년으로 거슬러 올라간다. 당시 우라카와 적십자병원에서 장기 입원하던 조현병 당사자인 사사키 씨가 퇴원하면서 그의 지역사회 복귀를 축하하는 자리가 마련되었고, 이는 회복자 모임인 '도토리회'로 이어졌다. 퇴원 후 그가 얹혀 살던 빈 교회 공간은 '베델의집'이라 불렸는데, 그 공간을 중심으로 정신장애 당사자들의 지역사회 활동이 본격적으로 시작되었다. 이후 50년

---

* '동료지원(peer support)'이란, 비슷한 어려움이나 정신적 고통을 경험한 당사자가, 자신의 경험을 바탕으로 다른 당사자를 지지하고 돕는 역할을 말한다. '같은 경험을 나눈 사람으로서의 지지와 연대'에 기초한 지원이 특징이며, 정신보건 영역에서는 회복과 자조의 중요한 축으로 자리 잡고 있다.

의 세월이 흐르며 베델의집 공동체는 특산품 가공·판매, 농장 운영, 방문간호, 당사자 자조모임, 대안적 거주, 출판, 축제 개최, 영상 제작 등 수많은 활동들로 영역을 넓혀 왔다.

그리고 2001년, 베델의집에서는 '당사자연구(當事者研究)'라는 독창적인 당사자 실천론이 탄생한다. 그 계기는 어느 당사자의 반복되는 '문제 행동'(베델의집 용어로는 '폭발')이었다.* '조현병'을 진단 받은 한 주민이 공중전화를 부수고 공동 장소에서 그릇을 던지는 등의 '폭발'을 반복하며 입원 치료로도 효과가 없자, 그를 지원하던 베델의집 구성원들이 함께 그 고생을 '연구'해보자고 제안 했던 것이다. 다른 어떤 중재에도 변화가 없던 그는 '연구'라는 단어에 흥미를 느꼈고, 동료들과 함께 자신의 '폭발'에 대한 공동의 자기-연구를 시작했다. '폭발'에 대한 그의 당사자연구는 비슷한 어려움을 겪는 동료들과 지원가들이 반복적으로 참여하며 심화되었고, 그 자기-연구 결과는 일본 『정신간호』지에 실리며 사회적으로 큰 주목을 받았다. 이는 전문가가 당사자를 분석하는 기존 '연구'와 달리, 정신장애 당사자가 자신의 경험을 직접 '연구'하여 발표했다는 점에서 매우 파격적인 것이었다.2)

◆

그렇다면 '당사자연구'는 왜 정신장애 공동체에서 시작되었던 것일까? 저자들이 지적하듯, 그 이유는 정신장애나 발달장애 당사자의 어려움은 겉으로 가시화되어 있지 않기 때문이다.

---

* 베델의집에서는 (어떤 행동을 '문제'로 전제하는) 문제 행동이라는 용어 대신, '폭발' (ばくはつ)이라는 용어를 사용한다. 그러한 행동을 '폭발'이라 명명함으로써, 어떠한 내적·외적 어려움들이 연쇄 반응을 일으켜 그러한 '폭발'에 이르게 되었는지를 함께 '연구'할 수 있기 때문이다.

장애를 바라보는 대안적 관점인 '장애의 사회적 모델(social model of disability)' 은 장애(disability)와 손상(impairment)을 구분하며, 장애란 신체의 손상 위에 사회적으로 부과된 것이라 본다. 장애 당사자의 몸에 '손상'이 있다고 하더라도 이로 인해 반드시 '장애'가 생기는 것은 아니라는 것이다. 휠체어 이용자가 계단 이 있는 건물에 들어갈 수 없는 것은 (개인의 몸의 손상 때문이 아닌) 계단을 만든 사회 때문이며, 따라서 문제 해결 역시 (당사자의 몸을 고치는 것이 아닌) 장애인에게 불리하게 설계된 사회 구조를 바꾸는 데서 찾아야 한다.

그러나 이러한 사회적 모델의 거대한 인식 전환도 저자인 아야야 씨와 같이 '겉으로 잘 드러나지 않는' 몸과 마음의 차이를 지닌 이들에게는 충분히 적용 되지 않는다. 이들은 사회가 만들어낸 장벽 이전에, 스스로도 자신의 어려움을 명료하게 설명하기 어렵고, 타인에게는 그 어려움의 존재조차 잘 보이지 않는 이중의 난관에 놓인다.

당사자연구는 바로 이 지점에서 출발한다. 보이지 않는 어려움과 고통을 언어화 하고, 그것을 동료와 함께 분석하며, 나아가 공동의 지식으로 전환하는 과정을 통해, 기존의 의학이나 사회복지 담론이 포착하지 못한 경험적 차원을 드러내려는 것이다. 이러한 실천은 단순히 개인적 자기 이해를 넘어, 사회적 구조 속에서 배제되어 온 정신장애·발달장애인의 삶을 새롭게 사유할 수 있게 하는 집단적 지적 작업으로 자리 잡게 되었다.

◆

제목에서 볼 수 있듯이, 이 책은 발달장애의 한 유형인 '아스퍼거 증후군'을 '진단'받은 저자가 당사자연구를 통해 자기 자신을 탐구한 결과물이다. 이 책에서 저자는 '외부로부터 부여된' 정신과적 진단명으로 자신의 경험을 설명하는 것 뿐만이 아니라, 스스로의 체화된 경험을 자신의 언어로 포착하고 해석해 내려는 '당사자연구'의 태도를 취하고 있다. 그렇기에 저자는 주어진 진단명이나 병리학적 용어로 자신의 경험을 설명하는 쉬운 길을 가는 것이 아닌, 자신의 고유한 체험을 '스스로의 체화된 언어'로 풀어내고자 노력한다. 이러한 당사자연구의 현상학적·해석학적 지향을 좇아, 이 책의 번역에서도 저자의 생생하고 체화된 언어 표현을 살리기 위해 최대한 노력했다.

그 연장선상에서, 이 책의 제목이 현재와 같은 모습을 갖추게 된 복잡한(?) 사정을 설명하는 것이 책의 의미를 이해하는 데에도 도움이 될 것이라 생각한다. 본 책의 원제는 『발달장애 당사자연구: 천천히, 신중하게 이어지고 싶다(ゆっくりていねいにつながりたい)』이다. 그러나 문제는 일본의 '발달장애(発達障害)' 개념이 한국과 다르다는 점이었다. 일본에서 '발달장애'는 지적장애를 제외한 자폐성 장애나 학습장애, 난독증, ADHD 등을 지칭하는 개념으로 쓰인다. 그러나 한국에서 '발달장애'는 지적장애와 자폐성 장애를 모두 포괄하는 개념으로 사용되기에, 통상적으로 '지적장애'를 연상시키는 발달장애라는 용어를 그대로 제목에 사용해도 될지가 문제가 되었다.

이에 따라 '자폐스펙트럼장애 당사자연구'라는 대안이 제시되었다. 저자가 '진단' 받았던 아스퍼거 증후군 또한 자폐스펙트럼장애 범주에 포함되기에 나온 차선 안이었다. 그러나 저자가 의도적으로 외부로부터 부여되는 진단명을 넘어 자신의 체험을 포착하는 고유의 언어를 개발하고자 했던 점을 고려할 때, 자폐스펙트럼장애(Autism Spectrum Disorder)라는 통상적 진단명을 제목으로 사용하는 것은 저자의 의도와 어긋나는 것이라는 결론에 이르렀다.

한편, 이러한 저자의 지향과 가장 잘 맞는 용어는 '신경다양성(neurodiversity)' 이라는 개념이었다. 신경다양성이란 인간의 뇌와 신경학적 차이를 병리나 결함으로만 보지 않고 인류가 지닌 다양성의 하나로 이해하자는 인식론적·정치적 개념이다. 이는 자폐 스펙트럼을 비롯한 여러 정신적·신경학적 차이가 사회적 불이익이나 차별의 원인이 되어서는 안 되며, 오히려 그러한 차이를 존중하고 사회 제도가 이에 맞추어 변화해야 함을 강조한다. 저자 또한 최근에 신경다양성 개념을 활발히 사용하고 있는 바, 제목을 '신경다양성 당사자연구'로 짓는 방안이 논의되었다. 그러나 문제는, '신경다양성'이라는 용어가 아직 국내에 폭넓게 쓰이지 않을뿐더러, 저자 또한 본문에 해당 용어를 구체적으로 사용하지 않는다는 점이었다. (이는 원서가 출간된 2008년 당시 일본에서도 해당 용어가 일반적이지 않았던 것과 관련이 있다.) 더구나 제목에 낯선 두 개의 단어('신경다양성', '당사자연구')가 연이어 등장하는 것이 부자연스럽게 느껴진다는 여러 만류 또한 있었다.

이에 따라 주제목을 '발달장애 당사자연구'로 두되, 책의 내용과 문제의식을 구체적으로 드러낼 수 있는 부제를 붙이는 방안이 모색되었다. 이 책에서 두 저자는 스스로에게조차 낯설게만 느껴지는 자신의 몸과 정신을 섬세하게 이해하려 시도하는 동시에, 그러한 몸과 정신을 통해 타자와 어떻게 관계 맺을 수 있을지를 신중하고 사려 깊게 탐구한다. 이에, 이 책은 저자들이 '몸, 그리고 세계와 관계 맺는 방식'을 섬세하게 고민한 결과물이라 할 수 있지 않을까 하는 결론에 이르렀다.

그러나 또 다른 난관은 부제의 '주어'였다. '○○이 몸, 그리고 세계와 관계 맺는 방식'에서, ○○ 자리에 무엇을 넣을 것인가가 문제였다. 가장 먼저 떠오른 것은 '자폐인'이라는 단어였다. 하지만 여기에도 두 가지 난점이 있었다. 첫째, 앞서 언급했듯 '자폐'라는 진단의 언어가 부제에 들어가는 것이 과연 저자들의 취지에 부합하는가 하는 의문이 있었다. 이에 대한 대안으로 '신경다양인', '자폐라 명명된 사람' 등을 떠올려 보았으나, 아직 사회적으로 널리 쓰이지 않거나 글자 수가 지나치게 길어지는 문제로 인해 쉽게 선택하기 어려웠다. 결국 충분히 만족스러운 대안은 아닐지라도, '자폐인'이라는 용어는 '자폐'라는 정신의학의 언어를 당사자가 재전유(再專有)하여 스스로의 정체성으로 삼은 언어라는 점에서 차선의 선택이 될 수 있다는 결론에 이르렀다.

둘째, 다양한 몸과 정신의 양상을 당사자 각자의 고유의 언어로 포착하려는 '당사자연구'의 지향을 고려할 때, '자폐인이 몸, 그리고 세계와 관계 맺는 방식'이라는 부제는 자칫 저자의 경험을 자폐인의 보편적 경험으로 일반화할 위험이 있었다. 이를 보완하고자 '어느 자폐인이 몸, 그리고 세계와 관계 맺는 방식'이라는 대안을 검토하며, 각자가 자신의 체험을 설명하는 고유의 언어를 찾아 나갈 수 있다는 메시지를 담고자 했었다. 그러나 부제의 길이가 지나치게 늘어나면서, 이러한 수정을 반영하기는 어려웠다. 따라서 독자들께서는 이 책이 특정한 개인의 고유한 체험을 탐구한 산물임을 염두에 두시고, 모든 사람이 자신만의 '당사자연구'를 통해 자기 경험을 언어화할 수 있음을 헤아려 주시기를 바란다. 비록 보편적 해답을 제시하지는 않더라도, 이 책이 모두가 자신만의 탐구 여정을 시작하는 데 소중한 길잡이가 될 수 있기를 희망한다.

◆

위와 같은 지난한 고민의 과정을 거쳐 지금의 제목, 『발달장애 당사자연구: 자폐인이 몸, 그리고 세계와 관계 맺는 방식』이 정해졌다. 이를 통해 한 가지 분명히 알게 된 것은, 특정 용어로 누군가의 사유를 표현한다는 것은 단순한 단어 선택의 문제가 아니라 그 사유가 전하려는 인식의 틀을 드러내는 실천적 선택이라는 점이었다.

돌이켜보면, 번역서의 제목을 짓고 번역의 방향을 모색해 온 과정 자체가 하나의 '번역가 당사자연구(?)'였다고 생각한다. 제목을 정하고 본문을 다듬는 과정에서 수많은 고민과 망설임이 있었고, 그때마다 여러 분들이 함께 머리를 맞대 주신 덕분에 이 책이 무사히 세상에 나올 수 있었다. 다소 길지만, 출간 과정에 함께 해 주신 선생님들께 깊은 감사를 표하고자 한다. 당사자연구를 국내에서 활발히 실천하고 계신 정유석 선생님, 장애학 연구자이자 활동가이신 전근배 선생님과 조문순 선생님, 사회학자 이상직 선생님, 노들장애학궁리소의 김유미, 김도현, 고병권 선생님, 작업치료 분야의 전문가이신 지석연 선생님, 특수교육 연구자 윤상원 선생님, 펭귄의날개짓 활동가 이광호 선생님, 임상심리전문가 서채리 선생님, 그리고 장애학실천연구소의 여러 선생님들께서 번역의 여정에 함께 해주셨다. 또한 일본에서 오랜 기간 유학하신 이헌정 선생님께서는 어색한 일본어 표현을 세심히 교정해 주셨으며, 한국자폐인사랑협회 김용직 변호사님과 신경다양성 지지 모임 '세바다'의 조미정 선생님, 청주정신건강센터의 김대환 관장님은 이 책을 미리 읽고 세심한 추천의 글을 작성해 주셨다. 모든 분들께 지면을 빌어 진심 으로 감사의 마음을 전한다.

나아가, 청주정신건강센터의 김대환 관장님과 이영수 팀장님은 오랜 시간 한국과 일본을 잇는 가교 역할을 하며 '당사자연구'의 실천과 철학을 국내에 소개하는 데 결정적 기여를 하셨다. 두 분의 헌신 덕분에 수많은 연수단이 우라카와의 베델의집을 방문할 수 있었고, '당사자연구'라는 새로운 실천과 사유가 한국 사회에도 뿌리내릴 수 있었다. 또한 청주정신건강센터의 제안으로 옮긴이 중 한 명 인 봉성균 선생님이 2010년대 초 번역 초안을 마련하였고, 약 10년 동안 연구 자와 활동가들 사이에서만 공유되었던 그 초안이 다른 두 명의 역자에 의해 대폭 수정·완성되어 마침내 2025년 출간에 이르게 되었다. 끝으로, 원서 출판사 와의 협의와 전체 감수를 맡아주신 이용표 교수님께도 깊이 감사드린다. 교수

님의 적극적 중재가 있었기에, 오랫동안 출간이 요청되어 왔던 이 책이 마침내 결실을 맺을 수 있었다.

◆

옮긴이 서문의 한정된 지면 안에서 '당사자연구'의 폭과 깊이를 온전히 담아내기는 어려울 것이다. 일본의 작은 바닷가 마을 '베델의집'에서 싹튼 당사자연구 방법론과 철학은, 이제 일본 전역과 한국 곳곳으로 퍼져 나가며 스스로의 '고생의 언어'를 되찾는 새로운 실천의 지평을 열어가고 있다. 이 책을 통해 당사자연구와 당사자 중심 관점에 관심이 생긴 독자라면, 국내에 이미 소개된 여러 저작들을 함께 펼쳐 보시기를 권하고 싶다.*

2018년, 한 달 동안 머물렀던 우라카와 베델의집에서의 기억은 스스로의 임상가로서의 여정은 물론, '고생'을 안고 살아가는 한 인간으로서의 삶에도 깊은 영향을 미쳤다. 이 책의 독자들께서도 당사자연구가 열어 주는 사유의 전환을 통해 각자의 삶 속 '고생'을 재명명하는 과정에 함께해 주신다면, 옮긴이로서 더 바랄 것이 없겠다.

2025년 9월

옮긴이를 대표하여, **유기훈**

---

* 당사자연구와 관련해서 국내에 번역 소개된 책으로는 『베델의 집 렛츠! 당사자연구』, 『베델의집 사람들』, 『지금 이대로도 괜찮아』, 『책임의 생성: 중동태와 당사자연구』가 있으며, 한국의 당사자연구 실천 경험을 담은 『새로운 사회복지실천 당사자연구』 또한 출간되어 있다.

'천천히, 신중하게 의미나 행동을 정립한다'는 자폐관

'도저히 사람과 어울릴 수 있을 것 같지 않다. 벽을 느끼는 나란 사람은
대체 뭘까'

철이 들 무렵부터 어찌할 바를 모르고 방황하며 긴 시간 '정체성 찾기'를 계속
해 온 나는, 내가 아스퍼거 증후군에 들어맞는다는 걸 알았을 때 다른 자폐권
(自閉圈)* 속의 사람들과 마찬가지로 '겨우 답을 발견했다'고 생각했다. 하지
만 이내, 표면으로 드러나는 증상은 분명 이에 들어 맞지만 왜 그런 증상이
출현하는지에 대한 여러 설(說)에 대해서는 분명한 위화감을 느꼈다.

지금까지의 자폐증 스펙트럼에 관한 연구에 있어서는 '타인과의 사회적인 관계
맺기의 문제'라는 커뮤니케이션 장애가 제1의 원인으로서 거론되고 있다. 하지만
애초에 커뮤니케이션 장애란 소통의 양측 간에 생기는 어긋남이기에, 그 원인을
한 쪽 탓으로 돌리는 것은 불가능하다. 예를 들어 미국인과 일본인의 커뮤니케

---

* [옮긴이 주] '자폐권(自閉圈)'은 자폐적 특성을 지닌 당사자들에게 공통적으로 영향을
  끼치는 생물학적·사회문화적 영역을 뜻한다. 저자는 '자폐스펙트럼장애(Autism
  Spectrum Disorder)가 있음'과 같은 임상적 진단범주 기반 서술 대신, '자폐권
  속에 있음'이라는 방식으로 '자폐'라 불리는 것과 각 당사자들 간에 맺는 관계를
  강조하고, 당사자들의 경험을 하나의 고립된 병리적 상태가 아니라 삶과 경험의
  세계 속에서 서로 연결된 것으로 이해하고자 한다.

이션이 잘 진행되지 않을 때, '일본인은 커뮤니케이션 장애가 있다'라고 하는 것은 성급한 결론일 것이다.

기존 연구와는 별개의 측면에서, 나는 자폐의 개념을 다시 파악하고 싶다. '커뮤니케이션 장애'라는 것을 처음부터 가정하는 것이 아닌, 우선 나 자신의 체험을 가능한 한 상세히 기술하겠다. 이때, 체험을 기술하는 것에 그치지 않고 '자폐란 무엇인가'라는 질문에 새로운 가설을 제시하는 것도 의도하고 있다. 그 가설이란, 우리들 자폐권 속 인간은 '의미나 행동의 정립을 천천히(ゆっくり)' 한다는 것이다. 본 저서에서는 이러한 가설에 기반하는 것이 나의 체험과 일치하는지 여부를 논할 것이다.

이와 같이 본서에서는 주로 자폐에 대해서 고찰하지만, 제목에는 '발달장애'라는 단어를 사용했다. 그 이유는, 본서에서 다루는 나의 체험 모두가 종래의 자폐증 개념에 들어맞는 것은 아닐 가능성을 자각하고 있기 때문이다. (예를 들면, 내가 가진 난독증이나 발성장애 등이 그러하다.)

종래의 자폐증 개념에 맞도록 나의 체험을 편집하여 고치는 일 없이 스스로의 체험을 발달장애라는 큰 축 안에서 자유롭게 서술하는 것부터 시작하여, 이러한 자유로운 '나의 이야기'을 기반으로 종래의 자폐증 개념을 조금씩 바꾸어 나아가는 것이 이 책의 목적이다.

| 목차 |

1장

몸 내부의 목소리를 듣다

: 배가 고픈 것일까?

| 1장 |

몸 내부의 목소리를 듣다 : 배가 고픈 것일까?

체내가 출렁출렁 요동치고 있다. 머리카락이 나 있는 부분이 가렵다. 목덜미에서 어깨에 걸쳐 무겁다. 위가 움직이지 않고 굳어 있다. 왼쪽 하복부에 공기가 차 있다. 발가락 부근이 아프다. 나의 몸은 보다 세밀한, 대량의 신체감각을 나에게 계속해서 보내고 있다. 나는 그 대량의 정보량에 압도되어 성가시다 생각하면서도, 신체의 호소를 하나 하나 듣고 그 원인을 찾아 대처해 가는 작업에 쫓기고 있었다.

"그런 거 누구나 똑같아. 자주 있는 거니까 괜찮아." "신경과민이야." 다른 사람도 자기와 같은지 어떤지를 알고 싶어 지금까지 몇 번인가 가까운 사람들에게 물어 보았지만, 이런 대답들만이 돌아올 뿐이었다. 하지만 "누구나 똑같은" 걸까? 그런 것 치고는 모두 아무렇지 않다는 듯 지내고 있는 것 아닌가. 내게 무슨일이 일어나고 있는 걸까. 신체에 일어나고 있는 것은 남들과 같은데, 나만 신경과민인 걸까? 아니면 '가려움', '아픔', '몸의 고동침'과 같은 신체에 일어나는 현상 그 자체가 나만 남들보다 양적으로 많아 그냥 지나칠 수 없는 것일까? 그런 건 비교해 볼 수 있을 리 없다. 분명한 것은, 나는 확실히 남들보다 신체가 호소하는 미세하고 거대한 감각에 사로잡혀 있고, 이로 인해 일상생활을 곤란하게 할 정도의 지장이 있다는 것이다.

최근 1년은 다른 사람의 지원을 자각적으로 받아 지금까지의 인생중 가장 어려움 없는 공간에서 지낼 수 있게 되었다. 그럼에도 '일반인처럼' 생활 할 수 있는 것은 주 3~4일 정도로, 남은 3-4일 간은 누워 지내는 날이 이어지는 사이클로 생활하고 있다. 주 6일간 아침부터 저녁까지 학교에서 지내던 중고등학교 시절이 가장 가혹한 시기였다. 그때는 지면으로 가라앉는 듯한 권태감과 구역질이 없는 날이 없었다.

도대체 나는 뭘까. 긴 시간 고민했던 이 질문에 대해, '당사자연구'라는 시대의 물결이, 나에게 천재일우의 기회를 제시해 줬다. 어렸을 시절부터의 자기 자신에의 의문을 몸소 해명하는 이 여행에, 여러분이 잠시 어울려 준다면 좋겠다.

1. 신체의 자기소개

'배가 고프다.'

이것은, 나에게 있는 수많은 '알기 힘든 감각' 중 하나이다. 내 아이들을 보고 있으면 정말 간단하게 "아, 배고프다. 뭔가 먹고 싶어!"라고 외친다. 그들은 신체가 호소하는 감각을 한순간에 '이건 공복 감각이다'라고 판단하고, 더욱이 '먹고 싶다'고 하는 하나의 의사로 정립해낸다고 할 수 있다. 그리고 아이들은 음식을 스스로 만드는 것이 어렵기 때문에 그 의사를 행동으로 옮기는 단계에서 '남에게 호소한다'라는 행동을 선택하게 되는 것이다.

반면, 나는 '배가 고프다'라는 감각을 알기 힘들다. 왜냐하면 신체가 나에게 호소하는 감각(이하 '신체감각')은 이것 외에도 내게 (당연하게도) 늘 많이 있어 왔기 때문이다. '너무 오랫동안 꿇어앉아 있었더니 다리가 저리다' '아까 모기에 물린 곳이 가렵다' '콧물이 멈추지 않는다' 등 공복 감과는 관계 없는 수많은 신체감각도 나에게는 **같은 값어치로** 전달되어 온다. 더욱이, 나에게 전달되는 정보에는 이같은 신체 내부에서의 감각뿐 아니라, 보거나 듣거나 만지거나 하는 등의 오감을 통하여 주입되는 신체 외부에서의 정보도 있다. 그렇기에 이 대량의 정보들을 간추려 '배가 고프다'로 정립하고 '먹는다'는 구체적 행동에까지 옮긴다는 것은 매번 어렵다. 아래에서는 이러한 일련의 과정에 대하여 보다 자세히 이야기해 보겠다.

'~일지도'의 하나로의 공복

나의 경우는, 자신이 '배가 고픈지 어떤지'를 알기 전에 다음과 같은 몇 개의 신체감각의 변화를 정보로서 받아들이고 느낀다.

- 멍 하구만. 사고가 정리되지 않아.
- 으, 움직일 수 없어.
- 쓰러질 것 같아. 빈혈기가 온다.
- 머리가 무겁고 어질어질하다.

하지만 이와 같은 감각은 공복 때만 내 몸에 일어나는 것이 아니다. 감기에 걸렸을 때, 피곤해졌을 때, 고민거리로 헤매고 있을 때, 생리 전 등에도 나타나기 때문에, 이것들의 감각만으로는 '배가 고프다'고 판단하는 것이 어렵다. 따라서 '배가 고픈 것일지도?' 혹은 '몸 상태가 나쁜 걸지도?' 아니면 '슬슬 생리였었나?' 라고 짐작하면서 넘기게 된다(그림1).

그림 1 넘쳐나는 신체감각

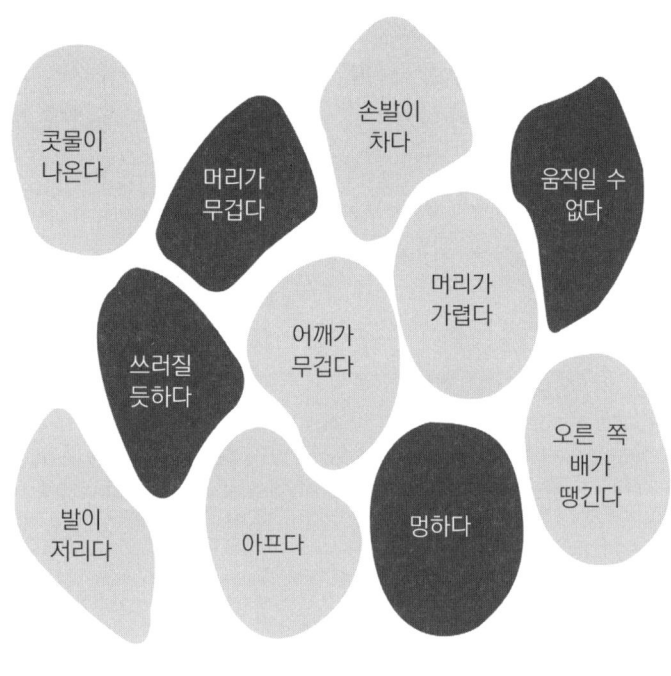

■ 공복에 관계가 있을지도 모르는 신체감각
□ 공복에 관계가 없는 듯한 신체감각

콧물이
나온다

머리가
무겁다

손발이
차다

움직일 수
없다

쓰러질
듯하다

어깨가
무겁다

머리가
가렵다

발이
저리다

아프다

멍하다

오른 쪽
배가
땡긴다

짐작
해보면

'배가 고픈 것일지도?'
'감기일지도?'
'몸 상태가 나쁜 걸지도?'
'뭔가 고민이 있었던 걸까?'
'생리 전?'

발달장애 당사자연구 자폐인이 몸, 그리고 세계와 관계맺는 방식

그러고 나면 조금 늦게, 차차 '공복감'에 한정되는(물론 이 또한 사후적으로 알게 되는 것이지만), 그러나 정말 미약한, 다음과 같은 신체감각이 출현한다(그림2).

- 위가 꺼진다
- 가슴이 술렁인다
- 가슴이 죄는 듯한 느낌이 든다

더욱이 이것들의 신체감각에는, '상쾌함·불쾌함을 동반한 기분'이라고도 말 할 법한 것들이 딸려 온다. 예를 들면, 다음과 같은 것들이 있다.

- 위 부근이 꺼져서 → 뭔가 기분이 나쁘다
- 가슴이 술렁여서 → 괜히 짜증난다
- 가슴이 죄는 감각이 들어서 → 슬프다

이것들은 직접적인 신체감각이 아닌, 신체감각의 정보가 '휙' 하고 목 뒤를 타고 머리에 이동한 후에 느끼는 것이기에, 신체감각과 단어를 나눠보면 '심리감각'1)이라고도 말 할 법한 것이다.

---

1) 여기서의 심리감각이란, 뇌과학자 안토니오 다마지오(Antonio Damasio)가 말하는 '감정'에 해당한다. 예를 들어 사람은 '무섭다'라는 감정을 느낄 때, 동시에 '신체변화'(이 책에서 말하는 '신체감각')로서 몸을 경직시키거나 심장을 두근거리게 한다. 다수의 사람은 이 때 감정의 결과로 신체변화가 일어난다고 생각하기 쉽지만, 다마지오의 가설에 의하면 신체변화가 먼저 일어나고 그것을 뇌가 '감정'으로서 받아들인다. 즉, 무서운 것을 보고 우선 특유의 신체변화가 생기고, 그 후에야 무서움의 감정이 생긴다는 것이다. 이러한 가설은 본 책의 논의를 뒷받침하는 것이라 할 수 있다.

그림 2 '공복감에 한정된 신체감각'의 출현

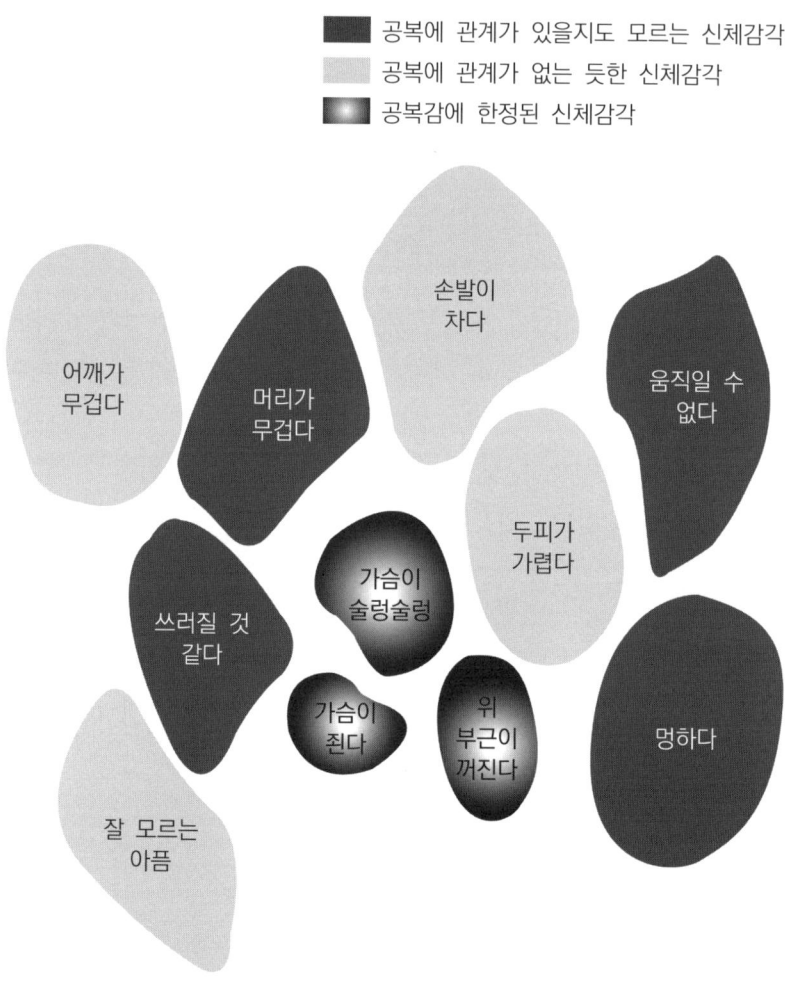

■ 공복에 관계가 있을지도 모르는 신체감각
■ 공복에 관계가 없는 듯한 신체감각
■ 공복감에 한정된 신체감각

손발이
차다

어깨가
무겁다

머리가
무겁다

움직일 수
없다

두피가
가렵다

쓰러질 것
같다

가슴이
술렁술렁

멍하다

가슴이
죈다

위
부근이
꺼진다

잘 모르는
아픔

발달장애 당사자연구 자폐인이 몸, 그리고 세계와 관계맺는 방식

이와 같이 일단 심리감각이 동반되면, '위가 꺼져 있다', '가슴이 술렁이고 있다'라는 신체감각뿐 아니라, '으, 기분나빠' '짜증나' 등의 심리감각도 나를 덮어버리기 시작한다. 이리하여 신체의 변화를 전하는 자극이 신체감각·심리감각을 통해 나에게 전달되지만, 이것들로 인해 더더욱 정보가 많아지기에 '=공복'[공복이다]이라는 결론에 도달하는 것은 불가능하게 된다. 각기 관련성이 불명확한, 제각각으로 대량 발생하고 있는 신체감각이나 심리감각으로부터는 '= 공복'이라고 정립해낼 수 없는 것이다. 그 때문에,

- '어질어질하다' → 이거 참, 역시 나, 또 상태가 안 좋은 걸지도?
- '짜증나' → 아까 그 사람에게 들었던 말이 나는 그렇게 싫은 걸까?
- '멍하니 생각이 정리되지 않는다' → 책을 너무 읽어서 그런 걸지도?

등, '왜 그러한 감각이 일어나고 있는 걸까'에 대한 원인을 연이어 여러 가지로 찾게 된다. 그러한 몇 가지의 '~일지도?'의 짐작 중 하나로서, '배가 고픈 것일지도?'라는 가능성도 생겨나는 상태라 하겠다(그림3).

그림 3 '심리감각' 또한 출현

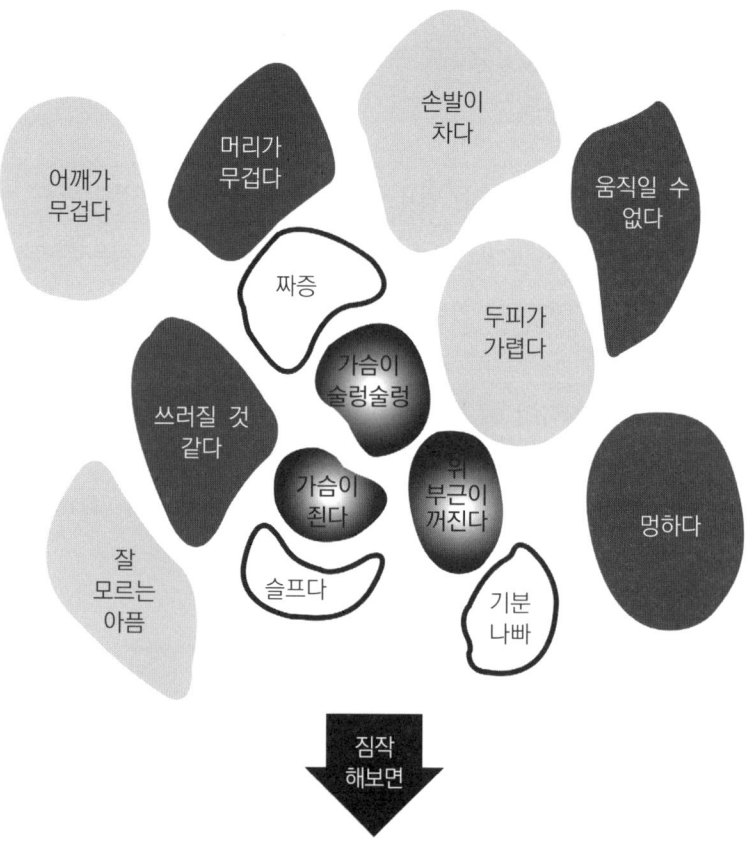

- ■ 공복에 관계가 있을지도 모르는 신체감각
- ■ 공복에 관계가 없는 듯한 신체감각
- ■ 공복감에 한정된 신체감각
- □ 심리감각

손발이 차다

어깨가 무겁다

머리가 무겁다

움직일 수 없다

짜증

두피가 가렵다

가슴이 술렁술렁

쓰러질 것 같다

가슴이 죈다

위 부근이 꺼진다

멍하다

잘 모르는 아픔

슬프다

기분 나빠

짐작 해보면

'역시 상태가 나쁜 걸지도?'
'아까 들었던 말이 싫은 걸까나?'
'책을 너무 읽은 걸지도?'
'배가 고픈 걸지도?'

28

발달장애 당사자연구 자페인이 몸, 그리고 세계와 관계맺는 방식

공복이 확정될 때

다행스럽게도(?) '공복'이라는 것은 확실히 진행되는 신체변화이다. '위 부근이 꺼진다'라는 신체감각은 새끼손가락으로 폭 하고 위가 눌려지는 듯한 느낌이기에 '=공복'이라고는 알기 힘들다. 미약하게나마 '배가 고픈 걸지도?'하고 생각하는 것이지만, '손발이 차다' 등과 같이 몸으로부터 전달되는 다른 신체감각 또한 우세하게 존재하기에, '배가 고픈 걸지도'라는 작은 짐작은 (사라진다고 하기보다는) '역시 아닐지도?' 정도로 잠재화되어 버린다. (이러한 나왔다 들어갔다 하는 '~일지도'라는 짐작을 나와 동료들은 "'일지도'의 망령"이라 부르기도 한다.)

하지만 '위 부근이 꺼지는' 감각이 잠복했다가 재차 나타날 때마다, 꺼짐의 크기는 엄지손가락 크기에서 다음은 500원 동전 크기, 다음은 계란 크기로 천천히 커져 간다. 그 신체감각이 커지는 것에 따라 '손발이 차다'나 '모기에 물린 후 가렵다' '어깨가 무겁다' '두피가 가렵다' 등의 난립하고 있던 다른 여러 신체감각들은 상대적으로 작아져서 잠재화되어 간다. 그 결과 신체감각의 변화에서 인도된 '몸 상태가 나쁜 걸지도' '책을 너무 읽은 걸지도'와 같은, '배가 고픈 걸지도'이외의 '~일지도'의 짐작 또한 서서히 가능성이 낮아져 간다.

그리고 팥빵 정도의 크기로 위가 푹 파인 감각이 되었을 때, 비로소 문자 그대로 '배가 고프다', 즉 '속이 비었다. 텅 비어서 푹 패여 없어진다'는 감각에 이른다. 동시에 '멍하다', '쓰러질 듯하다', '가슴이 술렁여서 괜히 짜증난다', '가슴이 죄는 느낌이 들어 슬프다'와 같은 신체·심리감각도 커져서 지속적으로 나타난다. 이러한 덩어리져 있는 감각들은 공복에 의해 생겨난 것이라는 점이 마침내 사후적으로 판명된다.

그림 4 신체·심리감각의 '간추림'과 '정립'

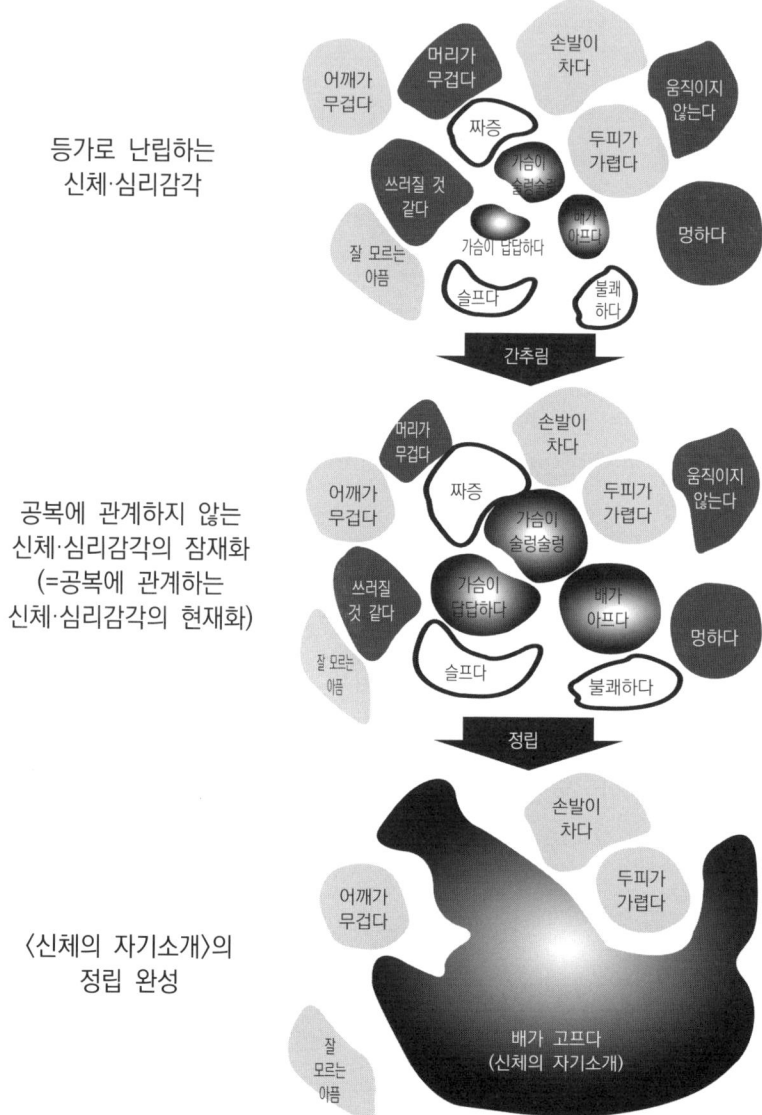

등가로 난립하는
신체·심리감각

머리가
무겁다

어깨가
무겁다

손발이
차다

움직이지
않는다

짜증

가슴이
슬렁슬렁

두피가
가렵다

쓰러질 것
같다

배가
아프다

멍하다

잘 모르는
아픔

가슴이 답답하다

슬프다

불쾌
하다

간추림

공복에 관계하지 않는
신체·심리감각의 잠재화
(=공복에 관계하는
신체·심리감각의 현재화)

머리가
무겁다

손발이
차다

어깨가
무겁다

짜증

가슴이
슬렁슬렁

두피가
가렵다

움직이지
않는다

쓰러질
것 같다

가슴이
답답하다

배가
아프다

잘 모르는
아픔

슬프다

멍하다

불쾌하다

정립

〈신체의 자기소개〉의
정립 완성

손발이
차다

두피가
가렵다

어깨가
무겁다

잘
모르는
아픔

배가 고프다
(신체의 자기소개)

이 시점에 이르서야 나는 겨우 의심의 여지없이 '나는 배가 고픈 것이다'는 것을 알게 된다. 그것은 내 몸이 나에 대해 '지금 이런 상태에요'라고 자기소개하며 호소하고 있는 듯한 느낌이다. 즉, 많은 신체감각 속에서 긴급성이 낮은 정보는 잠재화되고 필요한 정보만이 현재화되어 압축되는 것으로, '나는 배가 고픈 상태인 것이다'라는 〈신체의 자기소개〉를 정립해 내게 된다(그림4).

많은 신체감각을 차례차례로 길어 올리는 나는, 아무래도 **'대량의 신체감각을 압축하고 어느 하나의 〈신체의 자기소개〉로 정립하기까지의 작업이 남들보다 느리다'**고 할 수 있다. 그 결과 '배고파?'라는 질문에도 '…모르겠어'라고 대답할 수밖에 없는 상태가 이어지고, 그제서야 눈치를 채고 '그러고보니 아침부터 아무것도 안먹었네'라고 하는 경우도 자주 있다.

이러한 〈신체의 자기소개〉가 정리되지 않는 상태를 해소하기 위해, 나는 "확실히 이 감각은 '배가 고프다'였던 느낌이 든다"는 식으로, 이전의 경험이나 기억을 기반으로 해답을 찾고는 한다. 그래도 이걸로는 확언할 수 없는 경우가 많기 때문에, 결국 시간 감각에 가장 의지하고 있는 것인지도 모른다. 그렇게 하면 '아아 오후 2시 45분이고, 분명 슬슬 배가 고픈 거겠지'와 같은, 객관적인 판단의 재료를 확보하는 것이 가능하다.

2. 행동의 스타트 버튼

앞서 서술한 바와 같이, 내 아이들은 '배가 고프다'라는 〈신체의 자기소개〉를 정립해 내고, 이어서 '뭔가 먹고 싶다'라는 의사를 정립한다. 여기에서는 이 '~하고 싶다'라는 의사를 〈원행성(願行性)〉이라 칭하고,2)3)

---

2) [옮긴이 주] 원행성은 일본어 원문에서는 'したい性', 직역하면 '하고-싶음-성(性)'으로 서술되었으나, 국문으로는 원행성(願行性)으로 번역하였음
3) 원행성이라는 단어는 "나는 주체성이라는 것을 '원행성'이라 부르고 있는 것이다"라는 사회학자 우에노 치즈코의 말에 힌트를 얻었다.

계속 이야기를 진행하도록 하자.

<원행성>이 작동되지 않다

'일반적 상태'가 무엇을 나타내고 어떤 모습인 것인지가 내게는 이해가 되지 않기 때문에 이를 추측할 수밖에 없다. 일반적 사람들은 자신의 신체가 어떤 상태인지를 자각하는 <신체의 자기소개>의 정립이 빠를 뿐 아니라, 정립된 신체의 자기소개에서 <원행성>도 곧바로 작동하는 듯하다. 그들은 '배가 고프다'에서 '먹고 싶다', 또는 반대로 '배가 부르니까' '먹고 싶지 않다'('하고 싶지 않다'도 훌륭한 <원행성>이라 말 할 수 있겠다) 등, 흡사 일련의 흐름과도 같이 자연스럽게 정립하고 있는 것처럼 보인다.

더욱이 <원행성>이 작동된 후에는, 일반적으로는 마치 <원행성>이 행동의 스타트 버튼과 같이 작용하는 듯하다. 그 스위치가 꾹 하고 눌린 것만 같이 '뭔가 먹고 싶다'(원행성) → '메밀국수를 먹어야지' → '김밥천국에 가야지'[4] → '그래 서둘러'하고, 스르륵 구체적인 행동에도 옮길 수 있는 듯하다.

하지만 나의 경우는 '배가 고프다'라는 신체의 자기소개가 정립되어도 좀처럼 '먹고 싶어!'라며 활성화되지 않는다. 왜냐하면 '먹고 싶어'에 병렬하는 항목으로서 '먹고 싶지 않아'도 생기고 있기 때문이다. 그것은 '배가 고프다'는 신체의 자기소개뿐 아니라 '전신 근육의 통증', '장이 멈춰 있다' 등의 또 다른 <신체의 자기소개>도 동시에 무수히 발생하고 있으며, 그것들이 '먹고 싶지 않아' 라는 <원행성>도 함께 만들기 때문이다. 또한 신체 외부의 정보, 예를 들면 '지금은 일하는 중', '돈이 없어',

---

4) [옮긴이 주] 원문에서는 '쓰루카메앙(鶴亀庵)'이라는 일본의 음식점으로 서술되어 있으나, 번역에서는 국내의 유명 체인점인 김밥천국으로 대체하였다.

'좋아하는 음식이 아니야' 등도 '먹고 싶지 않아'로 정립한다. 이와 같이 나는 '배가 고프다' 이외의 신체 내·외의 정보까지도 좀처럼 잠재화시킬 수 없기 때문에 '먹고 싶어'와 '먹고 싶지 않아'의 상반하는 두 개의 버튼이 작동되어 버려, 어느 쪽의 스타트 버튼을 누를지 결정할 수 없게 되어 버린다.

이 시점에서는 두 개의 버튼 어느 쪽인지를 고를 충분한 근거도 없고, 버튼의 크기(〈원행성〉의 강함)도 그만큼 크지 않다. 그 때문에, '먹고 싶지만 먹고 싶지 않아…'라는 행동의 동결이 생기고, '배가 고픈 거겠지', '이대로면 분명 움직일 수 없게 되어버리겠지'라고 생각하면서도 '아무것도 못 해'라는 상태에 빠진다. 즉 각기의 신체 내외의 정보가 제각각 별개의 〈원행성〉을 낳고, 움직임을 취할 수 없게 하고 있는 것이라고 할 수 있다(그림5).

그림 5 정해지지 않는 〈원행성〉

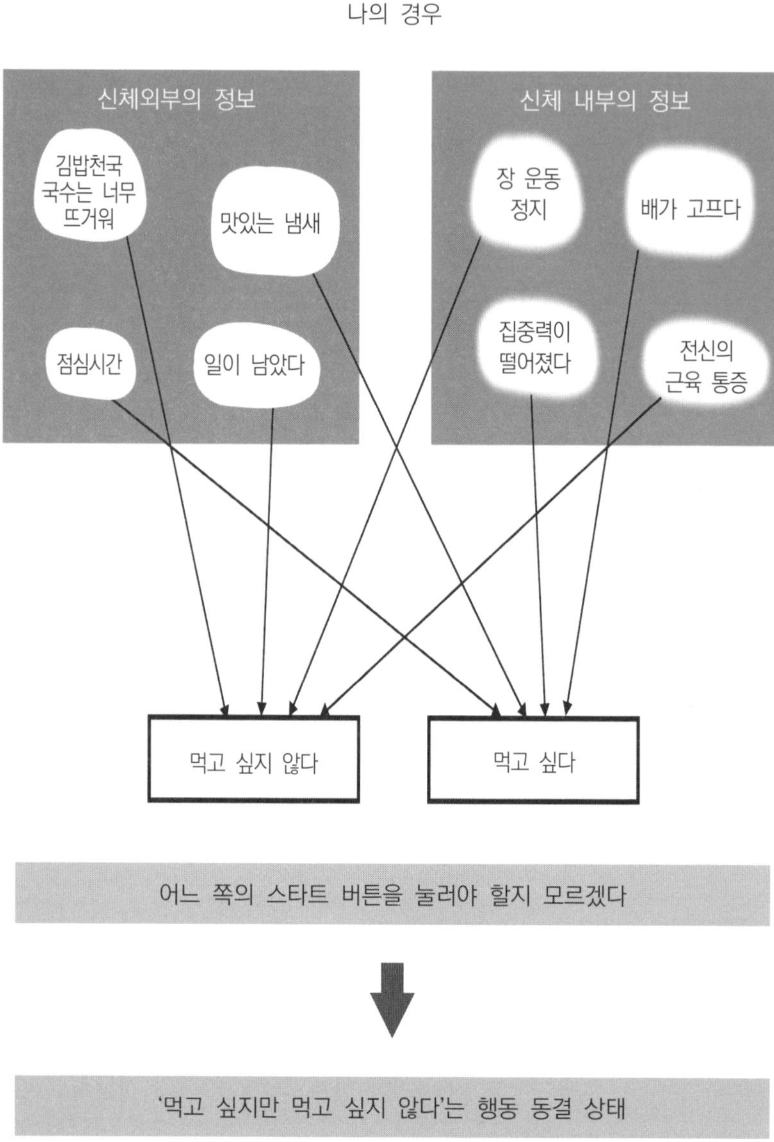

나의 경우

신체외부의 정보	신체 내부의 정보
김밥천국 국수는 너무 뜨거워	장 운동 정지
맛있는 냄새	배가 고프다
점심시간	집중력이 떨어졌다
일이 남았다	전신의 근육 통증

먹고 싶지 않다

먹고 싶다

어느 쪽의 스타트 버튼을 눌러야 할지 모르겠다

'먹고 싶지만 먹고 싶지 않다'는 행동 동결 상태

발달장애 당사자연구 자폐인이 몸. 그리고 세계와 관계맺는 방식

일반적인 경우

배가 고프다

뭔가 먹고 싶다

메밀국수를 먹자

김밥천국을 간다

그래, 서두르자

신체 내외의 정보를 조정하는데에 시간이 걸린다

여기서는 알기 쉽도록 '먹고 싶어', '먹고 싶지 않아'라는 2개의 〈원행성〉으로 나누어 언급했지만, 더욱 상세하게 말하면 실은 훨씬 세분화된 상황이 일어나고 있다. 예를 들면 위장이 비어서 '뭐라도 좋으니 뭔가 먹고 싶어'라는 〈원행성〉이 정립되었다고 하여도,

- 장(腸)은 "움직이기 힘드니까, '체하지 않는 것'이라면 먹어도 돼",
- 몸 전체는 "열이 있으니까 '차가운 것'에 한해서 먹고 싶어",
- 목은 "넘기기 힘들어. 마르고 퍼석한 것은 그다지 먹고 싶지 않네",
- 혈액(?)은 "채소 섭취가 부족하니까 채소, 특히 파를 먹고 싶어",
- 혀는 "짠 걸 먹고 싶어"

라고, 신체의 각 부분이 멋대로, 종종 양립하지 않는 〈원행성〉을 호소해 온다.

그럴 때에 '먹고 싶은가'라고 물어도, '그렇다/아니다'로 대답하는 것은 어렵다. '먹고 싶은… 걸까나? 차갑고, 씹지 않아도 되고, 부드럽고, 장이 거북하지 않은, 조금 매운 무언가면 먹을 수 있을 지도 모르겠다. 그게 뭐지?' '저것도 안 돼, 이것도 아니야. 음… 뭘 먹을 수 있을까', '그렇다면 먹고 싶지 않은 걸지도'라고 정체되어 버린다.

매번 같은 패밀리 레스토랑에 가는데도 메뉴가 정해지지 않는 것은, 이러한 '그날 그 시간에 휩싸여 있는 신체의 자기소개'를 듣고 메뉴와의 조정을 해야만 하기 때문인지도 모른다. 그럴 때에 운 좋게 우연히 조건을 겸비한 것, 예를 들면 비빔면같은 것이 눈에 날아 들어오면, 일제히 신체 각소가 '그래! 그거야!'하고 마음속에서 외쳐대, '비빔면이 먹고 싶다'고 결정되곤 한다. 이와 같이 세밀하고 다양한 신체 내부의 정보와 신체 외부의 정보인 '수요와 공급'의 조정이 완성되는 것에 따라 겨우 나의 〈원행성〉이 정립되지만, 이는 시간이 오래 걸리거나 꽤나 드물게 성공하는 일이다.

일반적인 경우에는 분명 다양한 신체감각을 곧바로 압축하고, '배가 고픈 상태이다'라는 하나의 자기소개가 순식간에 정립되어 신체 내부 정보의 수를 줄이고 신체 외부 정보와의 조정이 진행되는 것 같다. 하지만 나에게는 사람들이 이렇게 많이 있을 신체감각을 용이하게 압축하고 하나로 정립하는 것이 신기하게 여겨진다. 혹은 '배가 고프다'고 사람들이 정립해내는 것은 확실히 스피드는 빠르지만 실은 정말 대략적이고 멍때리고 있는 것이 아닐까.

돌이켜 보면 지금까지의 나는 어떻게든 일반 사람들의 감각에 근접하려 '배가 고프다'라는 신체의 자기소개를 정립시키려 노력하고, 좀처럼 정리되지 않는 자신을 수상쩍게 여겨왔다. 그러나 과연 그것은 필요한 작업이었던 걸까. 원래 내가 근접하려 했던 '일반적'이라 여겨지는 "배가 고프다"와 같은 신체의 자기소개는 정말로 '있는' 것일까.

〈필행성(必行性)〉5)의 발견: 긴급사태!

그렇다고는 하지만 나의 경우도 〈신체의 자기소개〉가 〈원행성〉에 좀처럼 연결되지 않는 것만은 아니다. 내버려 두면 아침 점심 두 끼를

---

5) [옮긴이 주] 필행성은 일본어 원문에서는 'せねば性', 직역하면 '해야만-해-성(性)'으로 서술되었으나, 국문으로는 필행성(必行性)으로 번역하였다.

거르게 되고, 저녁 즈음이 되면 신체의 자기소개는 완전히 '배가 고프다' 일색이 되어 '먹고 싶어'라는 강렬한 〈원행성〉이 덮쳐 온다.

하지만 그렇다고 해도 느긋하게 〈원행성〉이 정립되기를 기다리는 것은 때로는 굉장히 위험하다. 왜냐하면 마침내 〈원행성〉 일색이 되었을 때에는 생명의 갈림길에 서는 경우도 때로 있기 때문이다. ('자폐증'이라 진단되어진 아이들 중에도 가벼운 감기임에도 불구하고 먹거나 마시지 않아 저혈당이나 탈수로 실려오는 아이들이 있다.)

속이 비어 위의 빈 느낌이 팥빵 크기까지 되어 있을 때는 '배가 고프다'라는 신체의 자기소개가 정말로 커진 상태라, 그 느낌이 지속적으로 존재하게 된다. 하지만 그 정도에까지 이른 때는 이미 '간추림'이나 '정립'이 되지 않은 채로 상당히 정체된 이후이기 때문에, 거의 먹지도 마시지도 않은, 궁지에 몰린 상태일 때가 많다. 게다가 〈신체의 자기소개도〉 '배가 고프다'에서 일보 진행한 '이 이상 먹지 않으면 쓰러질거야'라는 경고가 되어 생명의 위험을 호소하게 된다. 즉, '배가 고프다'라는 신체의 자기소개가 나타났을 때는 이미 쓰러지기 직전이 되며, 이는 일반적으로 사람들이 '배가 고프다'라는 것을 정립시켰을 때보다도 더욱 공복도가 진행된 상태라 추측할 수 있다.

이러한 상태까지 오면 문제는 더 이상 〈원행성〉 같은 귀여운 것이 아니다. 말하자면 행동의 의사가 〈필행성(必行性)〉이라는 형태로 정립되는 것이다.6) 〈필행성〉은 〈원행성〉의 변화형같은 것으로, 행동선택의 스타트 버튼임에는 변함이 없다. 하지만 스타트 버튼이 〈필행성〉으로 변화했을 때에는 위험을 감지하고 '어쩌면 죽을 지도?' '이제 곧 쓰러져 버릴거야!'와

---

6) 누구라도 무언가를 '하고 싶다'고 느끼고 있으면서 그것이 언제까지고 구체적인 행동으로 옮겨지지 않고 있으면 머지않아 불안이나 초조함을 느끼게 된다(필행성). 거기서 시간이 더욱 흐르면, 불만·슬픔에 이른다(우울). 보스턴 대학의 그로스버그 (Stephen Grossberg)가 제창하는 iSTART모델에서는, 자폐증에서는 이 '원행성 → 필행성 → 우울'의 변화가 빠르다고 한다.

같이 패닉으로 울어버릴 듯한 상태가 되어 있다. 그 속에서 '무슨 먹을 걸 사면 좋을지 모르겠어' '얼마나 사면 좋은 거야!' '빵? 밥? 면?' '붕어빵은 눈앞에 있지만 간식시간은 아니고, 과자라도 상관은 없지만 역시 저녁 식사 시간이니 식사를 하지 않으면 안 될거야' 등, 구체적인 많은 행동을 하나하나 정립해야만 한다. 이것은 꽤나 생명의 위협감을 느끼는 과정이기에, 거기까지 진행되어 버리는 것은 미연에 방지하고 싶은 마음이다(그림6). 시간이 흘러 '배가 고프다'가 커지면, 상대적으로 다른 정보가 작아져 잠재화되며 '먹어야 돼!'가 정립된다.

그림 6 〈필행성〉

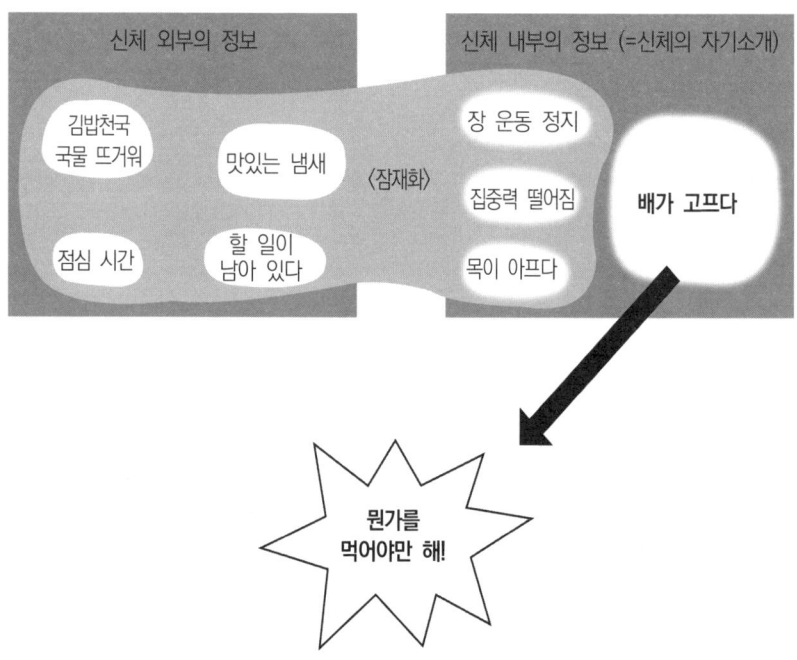

시간이 지나면서 〈배가 고프다〉는 감각이 커지게 되면,
다른 정보가 상대적으로 작아지고 잠재화되어 〈먹어야만 해!〉라는 사고가 정립된다.

제3의 길: <종행성(從行性)>으로 행동을 결정해 둔다

이러한 <필행성>의 행동 스타트 버튼이 눌려진 후의 고통을 생각하면, <원행성>이 정립되는 것을 느긋하게 기다릴 수는 없다. 그렇다면 '먹는 것으로 되어 있음' 내지 '먹겠음'으로 미리 설정해 놓는 것이 가장 빠르고 안전한 방식이 된다. 좀처럼 정리되지 않는 <원행성>이나 위험한 <필행성> 대신에, 많은 경우에 있어서 나는 이 <종행성(從行性)>[7]을 사용하고 있다.

앞서 <신체의 자기소개>를 정립하기 위해 시간 감각에 의지하는 예를 들었지만, 보다 본격적으로 시간으로 행동을 규정하고 '12시입니다. 점심을 먹겠습니다'와 같은 <종행성>으로 정해 둔다. 그렇게 하면 '배가 고픈 것일지도?' '몸 상태가 나쁜 것일지도?'와 같은 짐작에 휘둘리지 않게 된다. 또한 이를 통해 '먹고 싶다'라는 <원행성>이 좀처럼 나타나지 않고 행동의 스타트 버튼이 눌리지 않아 영양이나 수분보급이 늦어지는 일을 피할 수 있으며, 나아가 이로 인해 결국 꼼짝도 못하게 되거나 <필행성>으로 초조해 하는 사태를 회피할 수 있게 된다. <종행성>으로 행동을 규정해 놓는 것을 통해 신체의 자기소개가 정립되었는지 여부와 상관없이 '먹는다'는 행동이 가능해지는 것이다.

신체 내부의 정보도, 그리고 신체 외부의 정보도 잠재화되지 않고 세밀하게 넘쳐흐르는 나에게 있어서, 양쪽 조건의 조정에는 시간과 노력이 든다. 따라서 앞서의 '비빔면'의 사례와 같이 조정이 완료되는 경우는 드물다. (물론 그렇기 때문에, 드물게 조정이 완료된 경우에는 '그것 뿐'이 되어 필사적이게 되곤 한다.) 따라서 많은 경우는 '에잇!'하고 신체 내부의 정보를 일부 무시함으로써 무리해서라도 하나의 행동을 선택하게

---

7) [옮긴이 주] 종행성은 일본어 원문에서는 'します性', 직역하면 '하겠음-성(性)'으로 서술되었으나, 국문으로는 종행성(從行性)으로 번역하였음.

된다. 이와 같이, 조정을 하지 않고도 행동을 종결해 버리는 의사가 〈종행성〉이며, 내게 일상생활의 대부분은 이 〈종행성〉으로 움직이게 되어 있다(그림7).

또한, 나에게 있어 먹는 양은 '어떤 것이 없어질 때까지 먹겠습니다'라는 〈종행성〉으로 움직이고 있다. 적게 나오면 그게 없어질 때까지, 많이 나와도 그게 없어질 때까지. 조금 더 먹고 싶은 기분이 들어도, 이제 힘들고 토할 것 같다고 생각해도, 깨끗해졌을 때가 끝이라는 것이다.

덜어서 먹는 큰 냄비요리나 뷔페는, 자신이 접시에 덜은 것을 다 먹으면 끝. 더 달라고 해도 되지만 남겨서는 안 된다. 왜냐하면 '배가 고프다'뿐 아니라 '배가 부르다'는 신체의 자기소개도 얻어지기 어렵기 때문에, '접시 위의 음식이 없어지면 먹는 것을 그만두겠습니다'라는 〈종행성〉으로 결정할 수밖에 없기 때문이다.

3. 구체적인 행동으로의 정립

〈원행성〉이나 그 변형인 〈필행성〉 및 〈종행성〉에 따라 '먹는다'라는 행동의 스타트 버튼이 눌린다고 하자. 남는 것은, 대량으로 목록화된 구체적인 행동의 선택지들 중 하나로 행동을 추리고 정립하는 작업이다.

상사인가 김밥천국인가: 난립하는 선택지

내가 사무실에서 일을 하고 있다고 하자. 시각은 점심시간인 12시. 아직 해야하는 일은 많이 남아 있다. 하지만 아까 전부터 '배가 고프다'라는 〈신체의 자기소개〉가 조금씩 정립되고 있다. 이 자기소개는 어차피 또 잠재화해 버릴 것이기 때문에 무시해도 되는 것이지만, 이것을 방치하고 점심을 안 먹고 일을 계속하면 정신 차리고 보면 저녁이 되고

'먹어야만 해'라는 〈필행성〉으로 패닉이 될 것이 눈에 선하다. 이럴 땐, 하다 남은 서류 뭉치가 보내는 '일이 남아있으니까 먹고 싶지 않아'라는 〈원행성〉을 스르륵 떨어뜨리고, 시간 감각에 의존하여 '12시입니다. 먹겠습니다.'라는 〈종행성〉의 스타트 버튼을 누른다.

그림 7 종행성

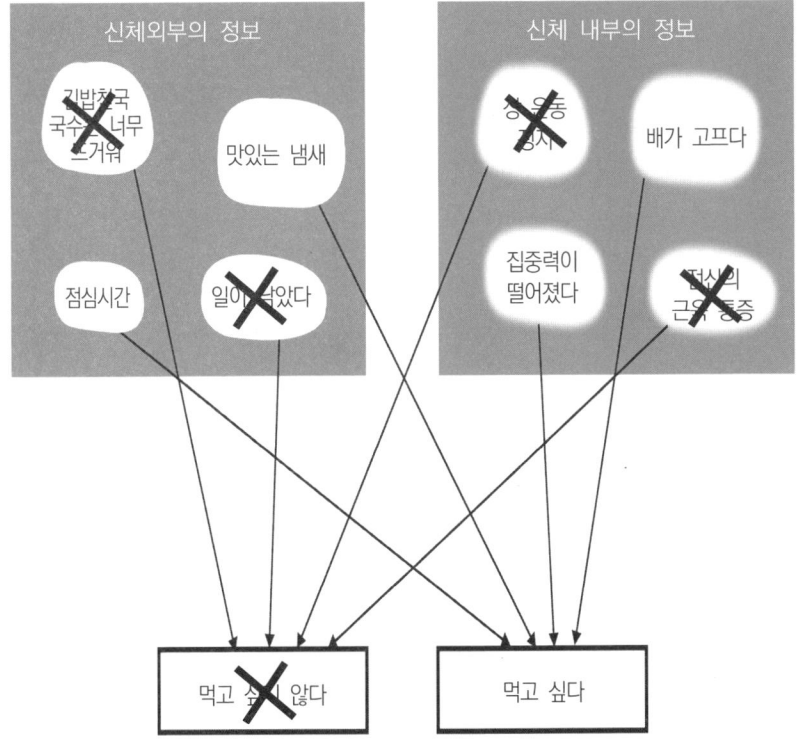

'먹고 싶지 않아'에 접속하는 신체 내외의 정보를 '에잇!'하고 무시하며, (깔끔하진 않더라도) '먹겠습니다'로 정립해낸다.

여기까지가 본 장에서 이미 기술한 부분이다. 그런데 그 다음엔 내게 수많은 행동선택지가 출현하여, '자 이제 어떻게 하지'라는 생각과 함께 정체가 시작된다. 무서운 상사에게 주목하면 '몰래 빠져나간다' '죄송한 얼굴로 양해를 구하고 점심을 먹는다' 등의 선택지가 나온다. 또 '배가 고프다'라는 〈신체의 자기소개〉에 주목하면, '저 문을 열고 김밥천국에 들어간다'가 나온다. 이제부터 무수히 난립하는 선택지 속에서 모순되지 않는 선택지를 압축하고, 그것을 순서를 세워 정립해야만 한다. 이 경우에 대해서 다음과 같은 일련의 흐름이 하나의 대답이 되겠다.

점심 12시 → 일을 중단하고 점심시간을 갖는다 → 상사에게 죄송한 듯이 '점심 먹고 오겠습니다'라고 말한다 → 문을 열고 나간다 → 김밥 천국까지 길을 걸어서 간다 → 메밀국수를 먹는다 → 돌아와서 일을 계속한다

하지만 나의 경우, 이 대답을 정립해내기까지가 천천히 진행된다(그림8).

그림 8 행동선택지의 난립

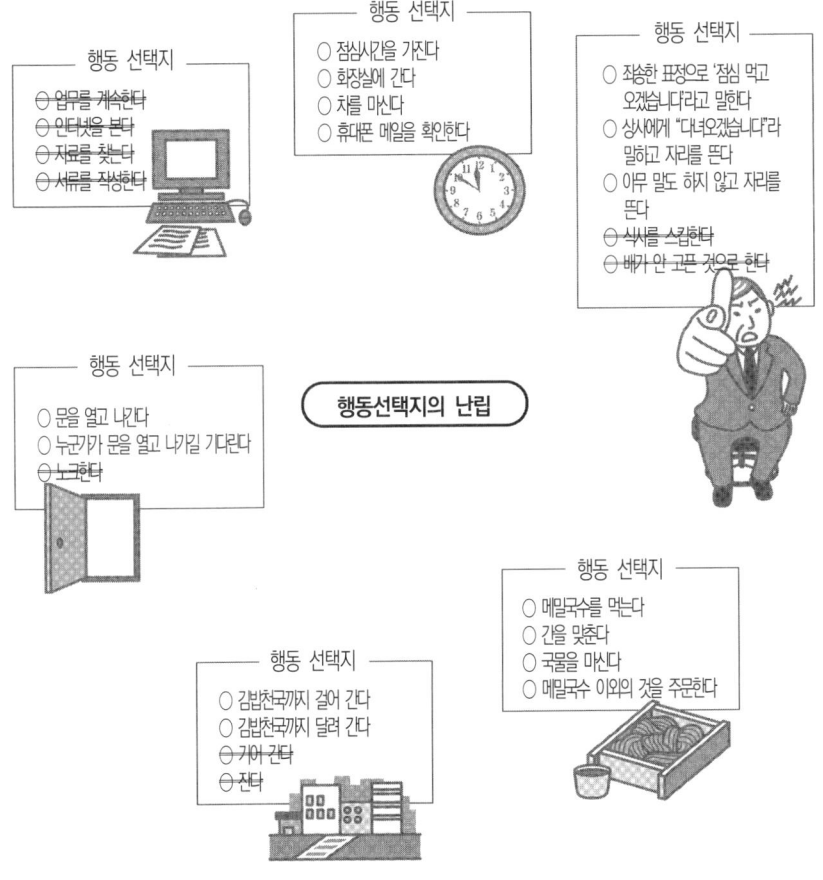

┌─ 행동 선택지 ─┐
○ 업무를 계속한다
○ 인터넷을 본다
○ 자료를 찾는다
○ 서류를 작성한다

┌─ 행동 선택지 ─┐
○ 점심시간을 가진다
○ 화장실에 간다
○ 차를 마신다
○ 휴대폰 메일을 확인한다

┌─ 행동 선택지 ─┐
○ 좌송한 표정으로 '점심 먹고 오겠습니다'라고 말한다
○ 상사에게 "다녀오겠습니다"라 말하고 자리를 뜬다
○ 아무 말도 하지 않고 자리를 뜬다
○ 식사를 스킵한다
○ 배가 안 고픈 것으로 한다

┌─ 행동 선택지 ─┐
○ 문을 열고 나간다
○ 누군가가 문을 열고 나가길 기다린다
○ 노크한다

행동선택지의 난립

┌─ 행동 선택지 ─┐
○ 메밀국수를 먹는다
○ 간을 맞춘다
○ 국물을 마신다
○ 메밀국수 이외의 것을 주문한다

┌─ 행동 선택지 ─┐
○ 김밥천국까지 걸어 간다
○ 김밥천국까지 달려 간다
○ 기어 간다
○ 긴다

우리 주변에는 많은 사물과 사람이 있다. 제각각이 나에 대해 행동 선택지를 제시해 온다. 많은 행동 선택지로부터 적절한 것을 '간추려내야' 하고, 그것들을 어떠한 순서로 실행할 것인지 시계열로 '정립하는' 것을 통해 하나의 정리된 행위가 완성된다.

예 : 일을 중단하고 점심을 먹는다 → 상사에게, 죄송한 듯 '점심 먹고 오겠습니다'라고 말한다 → 문을 열고 나간다 → 김밥천국까지 길을 걸어 간다 → 메밀국수를 먹는다 → 돌아와서 일을 계속한다

패닉이 되는 이유

행동의 선택지는 이것뿐만이 아니다. '상사에게 죄송한 듯이 "점심 먹고 오겠습니다"라고 말한다'는 행동 하나를 취해도, '어떤 음색으로' '어떤 스피드로' '어떤 표정으로' '어떤 타이밍으로' '어떤 제스쳐를 취해서' 등, 세밀한 행동의 수준까지 수많은 선택지가 발생한다(그림9).

그림 9 행동 단계의 구조 (점심을 먹는 경우)

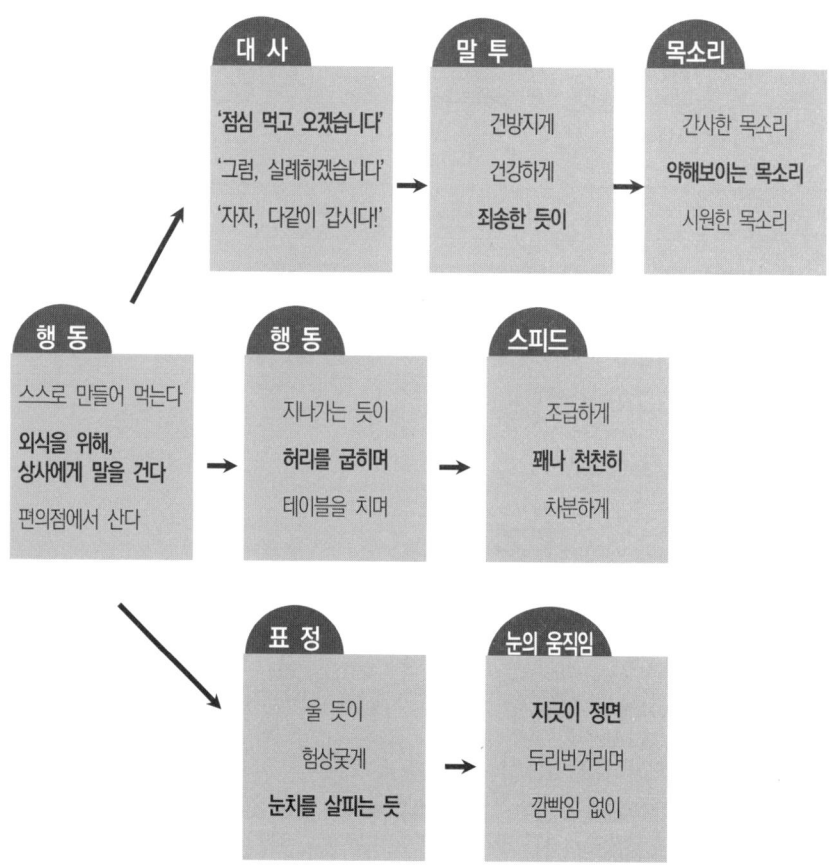

발달장애 당사자연구 자폐인이 몸, 그리고 세계와 관계맺는 방식

이와 같이 어떤 일련의 행동은 다량의 세세한 행동으로부터 이루어지는데, 거기에는 단계적 구조가 존재한다. 그리고 나의 경우 저차원의 행동 수준에서의 선택지도 난립하기 때문에, 이를 추리고 정립하기에 시간이 걸린다. 따라서 내가 아무리 〈종행성〉을 사용하여 행동의 스타트 버튼을 눌러 보아도, 좀처럼 그와 같은 세밀한 행동까지 사전에 결정해 놓는 것은 어렵기에 어떻게 해도 추가로 정립해내야만 하는 사항이 나오게 된다.

예를 들면 '식사는 메밀국수로 하기'라는 〈종행성〉으로 움직였지만, 가게에 가면 매진되었거나, '따뜻한 유부 우동이라면 바로 준비 가능하지만 메밀국수는 조금 기다려주셔야 합니다. 어떻게 할까요?'라고 그 곳에서 돌연 즉각적 선택을 요하는 일도 있다. 이건 큰 문제이다. 왜냐하면 〈종행성〉이라는 것은 〈원행성〉과 달라, '이게 먹고 싶다'라는 구체적인 신체의 요구에 별로 근거하지 않기 때문이다. 따라서 〈종행성〉은 메뉴를 다르게 선택할 때의 근거로는 부족하고, 새로이 결정하는데 꽤 시간이 걸려버리게 된다.

그 결과 꽤 헤맨 나머지 '안돼, 이젠 못 고르겠어. 점심시간이 끝나버릴거야. 오늘 점심은 이제 먹을 수 없어'라며 망연자실하거나, '부탁할 수 있는 걸 부탁하느라 먹기 싫은 것을 부탁해 버렸어'라며 시무룩해지거나, 정보처리가 되지 않고 머릿속이 '아아, 도와줘!'하며 패닉에 빠져버리는 등의 사태가 발생하게 된다.

'평소와 달라'가 왜 문제인가

이러한 시행착오 과정을, 혹은 어느 날 우연히 물 흐르듯 행동이 되었을 때의 일련의 흐름을 나는 차례로 〈행동의 정립 패턴〉으로 등록한다. 만약 아까 전에 생각했던 **점심 12시 → 일을 중단하고 점심을 먹는다 → 상사에게 죄송한 듯이 '점심 먹고 오겠습니다'라고 말한다 → 문을**

열고 나간다 → 김밥천국까지 길을 걸어 간다 → 메밀국수를 먹는다 →
돌아와서 일을 계속한다'는 일련의 흐름이 성공한 경우, 나는 매회 그대로
충실하게 움직이게 될 것이다. 또한 '무서운 생각이 들었다', '실패했다'
라는 결과를 얻은 것에 대해서도 '하지 않을 것'으로 패턴화한다. 구체
적인 행동에 대해서 가능한 한 세밀하게 정해 두고, 그것을 일련의 흐름
으로 어떻게든 입력하는 것이다. 이에 따라 '이 감각을 얻었을 때는
이것을 한다'와 같이, 어떤 신체·심리감각이 발생한 후 행동까지의 과정
에서 정체되는 일 없이 안심할 수 있는 일상생활을 보내려 하고 있다.
즉, 신체의 자기소개, 원행성, 행동의 선택 중 어느 쪽도 정립해내기 어려
워 불안정하기 때문에, 많은 일들을 〈행동의 정립 패턴〉으로 세밀하게
규정해놓음으로써 행동의 간추림과 정립에 매번 불안해하지 않아도 되게
끔 하는 것이다.

　다만 일단 패턴화된 것이 그대로 진행되지 않는 경우, 꽤나 동요하고
혼란에 빠지게 된다. 변함없이 반복되는 일상생활에 있어서는 겨우겨우
결정해낸 구체적인 세부 행동 패턴을 지킴으로써 헤매지 않고 행동하고
있지만, 정말 조금이라도 환경이 변하면 그 패턴에 적응할 수 없게 된
다. 그럴 때면 얼어붙어 움직일 수 없게 되거나 몸 상태가 나빠지거나
한다. 왜냐하면 기껏 넘쳐흐르는 많은 선택지들 속에서 '이런 때에는 이
행동'이라고 일대일로 세밀하게 추려두었는데, 그 매듭이 부서져 버림으
로 인해 급격히 많은 선택지들로부터 하나 하나의 행동을 골라야 하는
처음으로 돌아가 버리기 때문이다.

　예를 들면 '화장실 다녀온 후에는 손을 씻는다'라는 습관은 나에게 있
어서 헤맬 일 없이 자동화된 〈행동의 정립 패턴〉이 되어 있다. 하지만
'언제나 있던 장소에 수건이 없다'라는 일이 일어나면 그 순간 '손을 씻
을까 어떡할까. 손을 안 씻을 거면 위생적으로 괜찮은 걸까. 손을 씻는
다면 수건을 쓸까 어떡할까. 수건을 쓰는 거면 여분 수건은 어디에 있

는 걸까. 수건을 안 쓸 거라면 젖은 손은 어떻게 해야 되나'와 같은 상태에 빠진다. 결정해야만 하는 많은 선택지가 일제히 작동되는 것이다. 이러한 '평소와 다르다'는 변화는 사소하다 여겨지는 것이어도 큰 문제로 느껴진다. 아니, 사소하다고 생각할 만큼의 일상이기 때문에 더욱 문제로써 느껴지는 것일지도 모른다.

4. 오늘 추운가요?

이제까지 공복감에 대해 서술했다. 나에게 있어 알기 힘든 감각의 또 하나의 예로는, 체온변화에 있어서의 신체감각이 있다. 나는 공복감과 마찬가지로, '자신의 몸이 따뜻해지고 있다' 혹은 '차가워지고 있다'라는 〈신체의 자기소개〉를 정립해내기가 힘들다.

기온의 고저를 모르다

한겨울에 사람들이 춥다고 할 때는 '그렇지도 않아'라 말하고, 다른 사람이 쾌적하다고 느낄 정도로 방이 따뜻해지면 '더워 더워!'라고 소란을 피우는 나는, '감각이 둔하며 민감한 아이'라는 이상한 칭호를 부여받곤 했다. 하지만 여기에는 제대로 된 나의 판단기준이 있다.

내가 차고 더운 것을 판단하는 것은 외부 기온 그 자체에 따르는 것이 아니라 '기온과 체온의 차이'에 의한 것으로, 일반적으로는 무시될 법한 사소한 차이라 할지라도 패닉이 될 만큼 '덥다!' '춥다!'라며 혼란스러워 하며 이를 호소하게 된다. 반면 보통 사람들은 장시간 일정한 기온 속에 있으면 체온과 기온과의 차이가 작아지게 되어 피부로는 그 차이를 느낄 수 없게 된다. 일반적인 경우엔, 이러한 때에 '나는 지금 몸이 식고 있다. 그리고 체온과 외부 기온의 차이는 없다. 따라서 외부 기온은

식고 있다'라는 삼단 논법에 의해 외부 기온을 알아차릴 수 있는 것이
리라. 그런데 나에게는 그 첫 단계인 '나는 지금 몸이 식고 있다'는 것
또한 잘 인식되지 않는다. 따라서 차이가 없어졌을 순간의 기온에 대한
정보를 얻을 수 없게 되어버리는 것이다.

그림 10 춥고 따뜻함을 느끼는 것

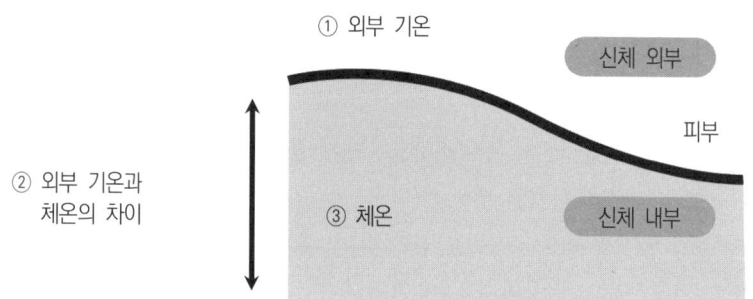

〈나의 경우〉
일반적인 경우와 비교하여서
②에 대해서는 과민할 정도로 잘 느끼지만,
③은 정립해서 파악하기 어렵다.
따라서 ①의 급격한 변화에 의해 ③은 변하지 않은채
②만 변화했을 경우에는, 일반인보다 과민하게 반응한다.
그러나 장시간 ①이 낮은 (또는 높은) 장소에 있으면,
②가 작아져서 한기나 온기를 알아채지 못하게 된다.

〈일반적인 경우〉
나에 비해
②는 둔감하지만,
③에 대한 〈신체의 자기소개〉는 나보다 정립해내기 쉽다.
따라서 장시간 ①이 낮은 (또는 높은) 장소에 있어 ②가 거의 없어져도,
③이 낮아지거나 (또는 높아지게) 되었음을 스스로 알 수 있다.
이로부터 간접적으로 ①을 알게 된다.

왠지모르게 다리가 아프다

1-2월, 어스레한 겨울 아침. 우선 눈을 뜬 내가 얻는 신체감각이나 심리감각에는 다음과 같은 것들이 있다.

- 뭔가 오늘은 다리가 아프다
- 몸이 몹시 무겁고, 거의 움직이지 않는다
- 몸에 괜히 힘이 들어간다
- 문득 괜히 슬픈 기분이 든다

이것들 제각각의 감각 간에 관련성이 있는지 여부는 모르기 때문에, 하나의 〈신체의 자기소개〉로 정립되지 않는다. 앞선 공복감의 예시와 같이, 평소와 다른 신체감각에 대해 매번 가장 먼저 떠오르는 짐작은 '나, 몸 상태가 나쁜 걸지도?'이다. 그리고 '감기일지도?' '근육통일지도?' '배가 고픈 것일지도?'라는 생각이 이어서 떠오르고, 몸 상태가 나쁜 원인으로 여러 가지의 짐작들이 난립한다.

여기서, 예를 들어 '오늘은 정말 추워'라고 가족들이 말해주거나 뉴스에서 '오늘은 가장 추운 날입니다'라고 듣는 등 신체 외부의 정보가 추가되는 것을 통해 '오오, 오늘은 밖이 추운건가'하고 기온에 대해 알게 되고, '그렇다는 것은 내 몸도 추워하는 걸까'하고 단박에 짐작이 하나로 간추려지게 된다.

그 밖에도 난방이 되어있지 않은 침실로부터 (그 시점의 체온에 비해 적절히 따뜻한) 난방이 된 거실에 우연히 들어갔을 땐, 확 하고 몸이 굳은 긴장감이 풀려 숨쉬기 편해지게 되고 나도 모르게 얼굴이 펴지며 기쁨이 찾아든다. 거기서, '응? 몸 상태가 좋아졌네? 왜 이런 상태의 격변이 일어난 거지? 환경적으로 변화한 것은 온도야. 혹시나 오늘은 평소보다

기온이 낮은 걸지도? 그렇다면 내 몸도 식어있었던 걸까'라 분석하여 눈치 채는 일도 있다. 만약을 위해 이 즈음에는 가족에게 '저기, 오늘 추워?'하고 확인한다.

물론 혹한기 후반이라도 되면 과거의 경험으로부터 스스로 '혹시 이 감각은… 기온이 낮아서 내 몸은 식어 있는 걸지도?'하고 눈치 채는 일도 늘어난다. 이와 같은 과정을 거쳐 '나의 몸은 식어 있다'라는 〈신체의 자기소개〉가 정립된다.

하지만 '식어 있다'는 것을 알아도, (앞서의 공복감의 경우와 같이) 그것이 '따뜻해지고 싶어'라는 〈원행성〉으로는 좀처럼 이어지지 않는다. 또한 그 후에도 계속되는 구체적인 행동 선택에도 연결되지 않기 때문에, '움직일 수… 없어…'라고 말하며 부들부들 떨거나, '몸이 아파…. 슬퍼…' 라는 생각을 계속하게 된다.

대개는 여기서 차마 보고만 있을 수 없었던 가족이 난방을 틀거나, 점퍼를 입혀 주거나, '목욕탕 물 덥혀놨으니까 몸 좀 녹여'라고 코치를 해 주는 등, 나에게 '따뜻해지고 싶다'라는 〈원행성〉이 생기기 전에 일제히 행동의 선택을 조력해주어 결정하고 있다. 그에 따라 나는 어떻게든 구체적인 행동을 할 수 있게 된다.

〈종행성〉이 〈원행성〉을 인도하는 일도 있다

나는 2년 전 아스퍼거 증후군8)이라는 개념을 알기까지, 자신의 체온

---

8) [옮긴이 주] 아스퍼거 증후군(Asperger Syndrome)은 과거 자폐성 장애의 한 유형으로 분류되었던 신경다양성으로, 사회적 상호작용과 비언어적 의사소통에 어려움을 겪는 한편, 언어 지연 없이 평균 이상의 지능을 보이는 것이 특징이다. 현재는 진단 체계가 바뀌어, 2013년 DSM-5로의 변화 이후로 해당 진단명은 '자폐스펙트럼장애(Autism Spectrum Disorder)'의 일부로 통합되었다. 다만 역사적·사회문화적 맥락에서는 여전히 '아스퍼거'라는 용어가 정체성 또는 집단적 자기표현의 방식으로 사용되기도 한다.

변화에 대한 감각이 일반적이 아니라는 것을 모르고 있었다. 그렇기에 '겨울 아침 일어났을 때에 움직일 수 없다 = 몸이 식어 있다'는 것을 알아채지 못하고, '이불 밖으로 나갈 수 없어. 이유도 없이 일어나지 못하는 나는 게으름뱅이야'라며 자신을 나무라고 있었다.

당연히 '따뜻해지고 싶다'는 〈원행성〉도 좀처럼 생기지 않았다. 그렇기에 그 전까지는 가족들로부터 '움직일 수 없는 것은 춥기 때문이야'라고 지적받아도 '아니, 춥지는 않아. 움직일 수 없을 뿐이야. 손이 아프고 차가울 뿐이야'라며 내심 반발하고 있었고, '난방을 틀어. 목욕을 해라'하고 말하는 것에 대해선 '무슨 말도 안 되는 소리를 하는 거야'라고 생각하며 성가시다고 느끼고 있었다.

하지만 아스퍼거 증후군을 자각한 첫 겨울, '혹시 어쩌면 기온이 낮은 것일지도'하고 짐작했고, '난방을 틀겠습니다', '움직일 수 없을 때에는 목욕을 하겠습니다'라는 〈종행성〉을 처음 사용하기로 하였다. 그리고 이것으로 꽤 움직일 수 있게 되었다. 별개의 〈종행성〉, 즉 '난방은 돈이 많이 들고 환경에도 좋지 않으니 쓰지 않는다. 더욱이 피부나 목이 건조해서 머리도 멍해지고 고통스럽다. 학습할 때도 머리는 차고 발이 따뜻한게 가장 좋고, 여기에는 고타쓰9)를 사용하는 것이 합리적이다. 따라서 겨울은 난방을 틀지 않고 고타쓰만으로 지내겠다'라는 지침에 의해 장기간 생활하여 온 나에게 있어, '난방기구도 사용하는 물건'으로 인식하는 대변환은 힘든 기억으로 남아 있다. 하지만 이 새로운 〈종행성〉에 의해 때로는 난방을 사용하는 것으로 해놓았고, 몸이 편해지는 일도 늘었다. 거기서 어렴풋이 '난방을 틀어서 따뜻해지고 싶어'라는 〈원행성〉이나, '따뜻해 지겠습니다'라는 〈종행성〉, '따뜻해 져야만 해'라는 〈필행성〉이

---

9) [옮긴이 주] 고타쓰는 테이블 밑에 가열 기구를 달고 담요로 덮어 만든 난방기구로, 일본 가정집에서 주로 사용된다. 담요로 덮인 테이블 아래쪽에는 주로 하반신을 넣기에 하반신 위주로 따뜻함을 느낀다.

생겼고, '식고 있다'에서 '따뜻해지고 싶다'로의 우회도로가 만들어졌다. 즉 나에게 있어서의 '따뜻해지고 싶다'라는 〈원행성〉은 아직 갓 생겨나 따끈따끈한 상태인 상황이다.

이와 같이 〈원행성〉에 의해 행동의 선택을 하는 것이 아니라 우선 〈종행성〉으로서 의사를 정립하고 그에 따라 행동하는 것인데, 이를 통해 고통스러운 신체감각이나 심리감각이 완화되는 경험을 반복하고 있으면 머지않아 사후적으로 〈원행성〉이 점차 명확해지는 일이 있다. 다만 그리하여 인도된 〈종행성〉이라는 것은 종종 '귀찮아' '시간이 없어'라고 생각하면서도 1일에 3회 욕조에 몸을 담그게 되는 등 번잡하고 융통성이 없게 되기 일쑤이기에, 결코 간단히 달성될 수 있는 것은 아니다. 덧붙여서 말하면 당시 5세였던 아들이 그 겨울, '춥지 않아! 그러니까 점퍼는 안 입어! 그래도 손은 아프니까 장갑 낄래'라며 거리낌 없이 말하는 것을 보고 '우와! 나랑 똑같네!'하고 놀란 기억이 있다.

5. 감기인가, 우울한 건가, 아니면 피곤한 건가

피곤하지 않은데 피곤하다

몸이 무겁다. 몸의 근육이 슬며시 아프다. 물속에서 질질 끌고 있듯이 다리가 무겁다. 걸으면 한 걸음 한 걸음, 다리부터 지면에 묻히는 느낌이 든다. 마치 모래 속을 걷는 듯하다. 으슬으슬 춥다. 그래도 몸은 달아오른다. 눈이 뜨겁게 젖는 게 느껴지는데, 몹시 건조한 느낌도 들고, 눈을 뜨면 아프니까 계속 감고 있고 싶다. 머리가 멍하다. 어쨌든 졸립다. 식욕은 없고, 계속 배가 부풀어서 꽉 찬 느낌이 든다. 하지만 구역질도 난다. 점점 머리도 아픈 느낌이 든다. 오늘이야말로 열이 있겠구나 하고 생각하는데도 매번 열은 없다. 코도 이상하다. 이것은 원인불명으로 오랜

발달장애 당사자연구 자폐인이 몸. 그리고 세계와 관계맺는 방식

시간 나를 괴롭히고 자존감을 저하시켜 온 중대한 신체감각이다.10)

어릴 때는 이런 감각들에 대해 '감기일지도' '어제 운동을 너무 한 걸지도'라는 짐작을 적용시키고 있었지만, 머지않아 '신경질적인 걸지도' '공부를 너무 한 건지도' '생리 전인지도'라는 선택지가 늘고, 더욱이 나이가 들어가면서는 증상 관련 지식이 늘어 '저혈압인지도' '알레르기인지도' '우울한 걸지도'하며, 짐작은 하나로 압축되기는커녕 오히려 증식해 갔다.

이러한 신체감각은 초등학교 저학년 때부터 시작되어 중고등학교 시절에 최고점을 달성했다. 대학과 사회생활하던 시기에 걸쳐서는 이 증상들과의 어울림에 적응하기도 포기하기도 해왔고, 이는 힘들었던 영유아기 아이들의 육아가 일단락된 지금도 이어지고 있다. 결국 '잘 모르겠지만 나 자신은 허약하고 극도로 지치기 쉬운 사람일 듯'이라며 자신의 체질을 받아들이고, '다른 사람이랑 아무것도 다르지 않은 것 같은데 여러 가지가 보통 사람처럼 되지 않는 자신'의 존재를 납득해야만 했다.

다만 '어떤 일 뒤에는 그렇게 되어 버린다'는 경향성은 고등학생 즈음 점점 경험적으로 판명되고 있었다. 어쨌든 남과 함께 지내면 그 후에 몸 상태가 나빠진다. 모두와 함께 할 작정으로 같은 페이스로 마지막까지 어울리고 있으면 앞서 말한 증상들이 덮쳐오고, 귀가하고 나서 고통과 쓰라림으로 울고 싶은 기분으로 가득 차거나 잠에 빠져든다. 그렇기에 나는 다른 사람들보다도 한 발앞서서 빨리 어울림을 끝내야만 한다.

그렇다고는 하지만, 아무리 증상이 심해도 학교나 여행 등의 가야만 하는 장소에 가면 증상이 일시적으로 사라지기 때문에, '게으른 것일듯.

---

10) 2006년 5월, 이 상태로 '(자칭) 귀신이 보이는 사람'과 만났을 때, '잠깐, 혼이 반 쯤 나와 있는데? 몸이랑 어긋나 있어!'라는 말을 들었다. 과연, 확실히 이런 때는 항상 의식이 몸 왼쪽 어깨에서 빠져나가 왼쪽 위로 멀어져 가는 느낌이 든다. 그 탓에 몸에 지령이 닿지 않고 잘 움직일 수 없다고 느끼곤 한다. 따라서 그렇게 지적받았을 때에는 "오, '보이는 사람'에게는 그렇게 보이는구나. 나의 감각과 일치하는구나"라 생각하며 묘하게 감탄했다.

기분 탓 일듯'이라고 생각하게 되어, 기어서 가는 듯한 기분으로 힘을 내서 외출할 수밖에 없었다. 게다가 '이러다간 집에 돌아가서 잠에 빠져들텐데'라고 경계하여 몸을 사리고 있어서는 아무것도 할 수 없게 되어버리기 때문에, 몸 상태가 나빠지는 것을 알면서도 학교에 다니고, 여성으로서 익혀야 할 소양이나 활동에도 참가하고 있었다. 결국, '집에 있을 때는 잠에 빠져 있는데, 밖에서는 "평범한 척"을 하고 있는 자신'이라는 자기상(像)을 갖게 되어, 그것이 '도대체 나는 뭐지…'라는 질문을 던지게 만들고 스스로 불안해졌다.

자신 스스로도 아직 모르겠는 상태인 이 증상과 관련해서, 시험 삼아여기서는 '피곤하다'라는 〈신체의 자기소개〉를 사용하여 이야기를 계속하도록 하자. 이 '피곤하다'라는 신체의 자기소개가 정립되기 어려운 이유는, 지금까지 서술해 온 바와 같은 '신체감각의 간추림과 정립이 느리다'라는 자폐의 특징 때문만은 아닐지도 모른다. 왜냐하면 당사자연구를 경험한 지금이라면, 나는 식사 등의 기본적인 행위에 대한 행동결정이나별로 관심 없는 사교적인 대화와 같은, 많은 사람들이 아무렇지 않은 듯지내버리는 일상에 스스로가 커다란 노동을 필요로 하고 있다는 것을알고 있다. 하지만 당시에는 주변 사람과 자신을 비교하며, 나는 지칠리가 없는 '보통'이라 여겨지고 있는 행위만 하고 있음에도 신체로부터는'피곤하다'와 같은 감각이 정보로서 보내져 오는 어긋남을 느끼고 있었다.그 어긋남 때문에 '피곤하다'라는 〈신체의 자기소개〉의 정립이 불필요하게 어려워졌을 가능성도 생각할 수 있는 것이다.

이와 같이 자신이 피곤한지 어떤지의 판단을 보류한 채 '보통'에 맞추기위해 계속해서 무리하게 버티는 태도는, 겉으로는 보이지 않는(따라서자신에게도 보이지 않는) 장애를 가지고 있는 사람들에게 공통으로보이는 경향 같다.

'행동을 그만둔다'는 행동의 어려움

'피곤하다'는 신체의 자기소개에 따라 정립되는 〈원행성〉 중 하나는 아마 '쉬고 싶다'일 것이다. 하지만 '피곤하다'라는 신체의 자기소개가 정립되기 어려운 나의 경우, '행동을 그만두고 쉬고 싶다'라는 〈원행성〉이 정립되기 힘들다. 예를 들면, '오늘은 상태가 좋으니까'하고 방 청소를 시작했다고 하자. 처음은 순조롭게 진행되지만, 그 사이 서서히 머리가 움직이지 않게 되고, 몸도 무거워지고, 구역질이 나게 된다. 아마 피곤해지기 시작한 것이겠다. 하지만 피곤함이 진행되는 만큼, 어질러진 방 물건들은 '나를 저기에 놓아줘' '나랑 저걸 정리해줘'하고 말하듯이 차례차례 눈으로 뛰어들어 온다.11)

나는 이러한 사물들의 명령을 받아들이기 쉽고, 그것들은 나의 '치우겠습니다'라는 〈종행성〉의 스위치를 계속 'ON'으로 켜져있게 한다. 반면 '피곤하다'라는 신체의 자기소개가 정립되기 어렵기 때문에 '쉰다'라는 행동과는 좀처럼 연결되지 않는다. 마치 '멈춰'라는 브레이크가 고장 난 것과 같은 것이다. 이러한 상황은 왜 쉴 수 없는가에 대한 자기분석을 끝낸 지금에도 변함없이 계속되고 있다.

다만 자기분석 후의 자신에게 개선이라 할 수 있는 변화가 다소 있다고 한다면, 이와 같은 지식을 주변 사람들과 공유하고, 또 나 자신도 상황을 자각하며, '치우는 걸 그만둘 수 없어'라고 호소하는 것이 가능하게 된 것을 들 수 있겠다. 그 덕에 '그럼 차를 마시자'라던지 '그럼 휴식하고 밥 먹읍시다'라는 식의 주위의 지원을 받을 수 있게 되었다. 여기에는 정말 감사하고 있다.

신체감각을 세밀하게 대량으로 느끼고, 행동의 선택지도 많이 출현하는 나는, 〈신체의 자기소개〉, 〈원행성〉, 〈구체적인 행동〉을 정립하기까지

---

11) 사람은 누구라도 많은 사물이나 사람에게 둘러싸여 지내고 있다. 사물과 사람이라는 것은 가만히 아무것도 관계되어 있지 않은 듯 보이지만, 실은 '이렇게 해라, 저렇게 해라'하고 명령을 내린다. 심리학자 제임스 깁슨(James J. Gibson)은 이와 같이 사물이 발생시키고 있는 '사람의 행동을 가능하게 하는 정보의 다발'을 '어포던스(affordance)'라 부른다(자세한 설명은 이어지는 본문의 2장 참고).

몇 번이나 발생하는 '고른다'라는 단계에 일반적인 경우보다도 더 많은 선택지가 있다. 그 때문에 그 안에서 간추리는 데에 시간이 걸리고 정체된다. 이러한 상황은 내 스스로의 감각뿐만 아니라, 자폐권(圈) 동료들의 이야기를 듣거나 이들의 책을 읽어도 현저하다는 것을 알 수 있다. 하지만 감각은 신체내부에서 발생하는 것만이 아니다. 오감을 통해서 상시 많은 자극이 신체 외부에서 계속하여 들어오고 있다. 2장에서는 이것들, 즉 '신체 외부에서의 자극을 받아들이는 감각'에 대해 서술하겠다.

◆

지금 원고를 쓰고 있는 나에게는 아까 전부터 계속 '배가 고플지도 모른다'라는, 거의 정립된 신체감각 정보가 계속 보내지고 있다. 배가 꺼진 상태는 계란 크기까지 성장해 있다. 이 같은 때에는 위가 축소되고, 삼킴을 재촉하는 목의 움직임을 느낀다. 입 안은 이상한 맛이고, 타액도 나온다. 위에 무언가 덩어리가 있는 듯한 느낌이 들고, 음식을 먹으면 그 덩어리가 흘러가 편해질 지도 모른다는 기분이 든다.

하지만 지금은 아직 오전 11시 15분. 9시 반 지나서 아이와 함께 과자도 먹었고, 정말 배가 고픈 건지 어떤지 모르겠다. 먹은 직후 이외에는 미약한 이 감각이 항상 나와 함께하기에, 만약 이 감각을 '배가 고프다'의 신호로 받아들인다면 나로서는 상시로 먹어야만 할 것이다. 어쩌면 배가 고픈 것이 아니라 스트레스에서 오는 신호인지도 모른다. 그러고 보니 먹고 싶은 것은 식사가 아니라 단 것이다. 스트레스가 있으면 단 것에 끌린다고 들은 적이 있으니까. 확실히 이 1주일간은 배가 고픈지 어떤지에 상관없이, 빈번히 '단 거 먹고 싶어!'라는 〈원행성〉이 나온다. 아, 그런데 생각해보니 생리 전에도 단 게 땡겼구나. 음…, 나는 정말로 배가 고픈 걸까. 모르겠으니 그만두자. 나중에 45분 지나고 점심을 먹으면 될 이야기다.

2장

외부 세계의 목소리를 듣다

: 세계와의 접촉

| 2장 |

외부 세계의 목소리를 듣다: 세계와의 접촉

초등학교 5~6학년 쯤의 맑은 일요일, 도쿄 이케부쿠로의 선샤인거리에 접어드는 교차점에서, 돌연히 나는 무수한 간판들에게 '습격당했다'.

차량 2대가 아슬아슬하게 비껴갈 정도의 차도도, 그 양쪽에 있는 보도도, 만원 전철과 같이 사람으로 가득하다. 길의 양 쪽에 나란히 줄지어 있는 빌딩에서는 대량의 간판이 길을 향해 고개를 내밀고 있고, 알록달록한 색채로 형형색색으로 북적거리고 있다. 그것들을 보고 있는 중에 간판들은 갑자기 커다랗게 확대되어 차례로 나를 덮치듯 다가오고 있었다. 안에 쓰여 있는 '영어 회화' '햄버거' '오코노미야키·다코야키' '○○마트' '□□여행대리점' '게임센터' '헌혈실' '현재 상영 중' '△△커피' '☆☆은행'이라는 문자들을 읽으면서, 나는 손으로 귀를 막고 눈을 감았다. 눈도 귀도 시끄러웠다. 다리는 흔들거리고, 평형감각을 잃는다. 그 상태로 계속 걸은 건지, 멈춰선 건지, 주저앉은 건지는 기억에 없다.

뭘까 이 감각은. 공부를 너무 해서 지쳐 있는 걸까. TV 드라마에서 이런 영상을 본 적이 있다. 지치면 누구라도 이렇게 되는 걸까. 아니면 나는 이 상태로 남들은 '공상'이라 일축하는 세계로, 남과는 이어질 수 없는 그런 세계로 본격적으로 들어서 버린 걸까. 어슴푸레 나 자신이 '이상하다'라고 생각하고는 있었지만, 도대체 나는 뭘까…. 거기에는 외계로부터의 감각에 압도되어 겁먹고 있는 자신과, 나를 냉정하게 내려다보는 내가 있었다.

그 후 이러한 '간판이 덮치는 현상'은 당연한 것이 되어, 나는 간판과는 되도록 '눈을 맞추지 않도록' 하며 번화가를 걷는 것으로 몸을 지키게 되었다. 시선을 정면에서 발밑까지 좁혀 위쪽 좌우의 시야를 차단하는 것으로, 대량의 정보를 입력없이 지나칠 수 있는 것이다.

1장에서는 몸 내부에서 발생하는 신체감각과 심리감각이 모두 잠재화되지 않고 대량으로 받아들여지기에 그것들을 간추리고 하나의 〈신체의 자기소개〉 혹은 〈구체적 행동〉으로 정립하는 것이 느리다는 점을 설명하였다. 이번 2장에서는, 몸 외부에서 발생하는 자극 또한 잠재화되지 않은 채 대량으로 받아들여지는 현상을 다룬다. 그리고 '그것들은 무엇인가'를 파악하는 〈사물의 자기소개〉나, 그 자극에 대해 어떻게 행동을 선택하면 좋은지를 정립하는 것도 마찬가지로 천천히 진행된다는 점을 서술하겠다.

1. 감각포화란 무엇인가

대량으로 자극을 너무 받아들여 많은 감각에 머리가 파묻혀있는 상태를 나는 '감각포화'라고 부르고 있다. 이것은 나를 정말 지치게 만드는 것으로, 이 감각포화에 빠져 정보처리가 쫓아갈 수 없을 때 '얼어붙어버린' 상태가 되거나, '패닉'이 발생하고 있다. 감각포화는 하나하나는 비교적

작은 자극이지만 수가 많기 때문에 일어나는 경우도 있는가 하면, 자극은 하나이지만 그 하나가 굉장히 크기 때문에 일어나는 경우도 있다. 또 드물게는 큰 자극이 다수여서 무서운 경우도 생긴다. 어느 쪽이든, 자극에 의한 감각이 허용량을 넘어 정보처리가 불가능해지는 것이 감각포화이다.

1장에서 논의한 신체 내부로부터의 감각이든 이 장에서 논의할 신체 외부의 자극에 의해 유발되는 감각이든 이러한 감각의 포화가 발생한다. 한편 나의 경우, 신체 내부 감각의 변화는 기본적으로 천천히 진행된다. 따라서 반복되는 날들의 생활 속이라면, 천천히 변화하는 작고 무수한 감각에 사로잡혀 '이 감각은 어떤 의미일까'하고 이것저것 생각해 '얼어 버리는(굳어서 멈춰버리는 느낌)'일은 있어도, 판단의 긴급성을 요하는 자극이 돌연 범람하는 것으로 인해 '패닉(호흡이 곤란하고 고통스러운 느낌)'을 일으키는 일은 적다.

패닉을 일으킬 정도의 신체 내부에서의 자극이란, 드물게 덮쳐 오는 경험한 적 없는 아픔 정도일 것이다. 예를 들면 나는 첫 자녀를 출산할 때에 심한 패닉에 빠졌다. 처음이고 어떻게 대처해야 할지 판단이 불가능한 신체 내부의 자극이, 차례로 숨 쉴 틈도 없이 몇 개나, 그것도 자극 하나하나가 굉장한 크기로 덮쳐 왔다. '커다란 자극이 한 번에 많이' 덮쳐 오는 감각포화의 공포에 압도되었다. 그것은 목숨이 걸린 긴급사태였다. 나는 진통의 물결에 휩쓸려 속수무책이 되었고, 호흡도 힘주기도 불가능해져 스스로 출산할 수 없었으며, 결국 진공흡인 분만을 하게 되었다. 이는 순수하게 신체 내부의 감각만으로 포화되어 공황 상태에 빠진 비교적 이해하기 쉬운 사례라고 할 수 있을지도 모른다.

한편 신체 외부로부터의 자극의 경우, 예상치 못한 타이밍에 감당할 수 없는 양의 정보가 한꺼번에 밀려드는 것이 보통이다. 나는 그 상황에서 공포심을 느끼고 연이어 판단과 정보 처리를 강요받으며 조급해지며, 자주 공황 상태에 빠지곤 한다. 이제 그 구체적인 양상을 서술해보겠다.

2. '신체 외부의 자극'의 포화: 시각포화의 예

'1차 정보'에 노출되는 신체

외계에서는 항상 대량의 정보가 들어온다. 그중 필요한 정보를 간추리거나, 몇 개의 정보를 범주화하여 정립하는 것을 통해 사람은 혼란에 빠지지 않고 지낼 수 있다. 이와 같은 정보의 간추림이나 정립 이전의 것, 말하자면 '1차 정보'를 여기서는 〈자극〉이라 부르도록 하겠다. 몸 외부에서 발생하는 자극을 받아들이는 감각의 대표적인 예로서는, 시각, 청각, 후각, 미각, 촉각, 온도 감각, 압각(圧覚) 등을 들 수 있다. 다른 자폐권 사람들과 마찬가지로, 나도 자극을 받아들이는 감각의 세밀함에 도움 받는 부분도 있는가 하면, 일상생활이 곤란해지는 부분도 있다. 몇 개의 예를 들어 보자.

1) 후각

'이 방에서 어묵 먹고 있었지?' '만화방에 갔다왔지?' 라고 상대방의 소행을 맞출 수 있는 것은 기본이다. 나는 어렸을 때부터 'A씨랑 C씨랑은 냄새가 같아', 'B씨랑 D씨랑 E씨는 같은 냄새'와 같은 기억 속에서 그룹을 구분짓곤 했다. 누구에게도 '응 맞아' 라는 공감을 구할 수 없었기에 그러한 그룹화되는 냄새의 이유를 모르고 있었지만, 최근에야 그것은 옷에 남아 있는 세제의 향료 냄새라는 것을 알아차렸다. (때로 옷에 밴 담배 냄새로 그룹짓는 경우도 있다.)

소량의 세제 향료의 차이를 안다는 것은, 진짜 향수는 나에게 있어서 파괴적인 강도를 가지고 있다는 것이다. 무심코 시제품 향수를 손에 들고 냄새를 맡는 순간, '코에서 냄새가 안 없어져!'라 계속해서 외치며 3일간 고통스러워하고 만다. 집에서는 '개코'라는 별명을 얻었다.

2) 미각

미세한 맛의 차이를 알기에, 나는 먹은 적 있는 맛의 재현, 물·채소·육류 등 식재의 좋고 나쁨의 차이를 잡아내는 것, 미세한 양념의 감지 등에 특출나다. 다만 유감스럽게도 별로 먹는 것에 흥미가 없기 때문에 진가를 발휘할 정도로는 능력이 생기지 않은 것이라 생각한다.

3) 촉각

촉각과 관련하여서는 감각포화가 너무 많기 때문에, 옷을 예시로 살펴보자. 자폐권에 속하는 것의 대표적 사례로 자주 일컬어지는, '목에 태그가 느껴지는 게 따끔따끔거려서 견딜 수 없어'라는 감각은 누구라도 당연히 느끼는 것이라 생각하고 있었다. 옷은 목면(木綿) 100%가 아니면 견딜 수 없다(정확히는 최근 목면 95%여도 괜찮았던 옷이 있었다). 헹굼이 부족하여 세제가 제대로 세척되지 않은 옷은 몸에 닿으면 아프다.

4) 온도 감각

추운 야외에서 난방을 튼 실내나 가게 안으로 들어가, 사람들이 따뜻하다며 편안해 하는 경우를 생각해 보자. 그런 온도차에 나의 몸만 돌연히 '아까까지는 추운 모드에 몸을 설정해 놓았는데 갑자기 따뜻한 모드로는 바꿀 수 없어!'라며 비명을 지르게 된다. 체온조정이 불가하고 급격하게 몸 안에 열이 쌓여 얼굴이 달아오르며, 머리가 멍하고 어질어질 현기증이 일어나 '여기 지나치게 덥다'라며 견딜 수 없게 되어버린다.

반대로 한여름 맹렬한 더위에도 밖을 걷고 있을 때에는 더위가 느껴지지 않아 시원해 하는 얼굴을 하고 있었는데, 전철에 타서 에어컨의 냉풍을 뒤집어 쓴 순간엔 몸을 어떻게 조정해야 할지를 모르게 되어 단숨에 패닉이 된 적이 있다. '내 몸은 어떻게 되어버리는 걸까'하고 불안감과 공포심을 느낀다. 외부 자극에 대한 정보처리능력이 떨어져 그 변화를 따라잡을 수 없게 되었기 때문에, 점차 불안감은 증가한다.

이와 같이 나는 외부와 내 신체와의 온도차에 대해서 과도하게 반응하게 된다. 1장에서는 내가 신체 내부의 감각을 통해 '내가 식고 있는지' 여부를 정립하는 것이 느리다는 이야기를 했다. 미세한 제각각의 신체감각 몇 개가 모여 생겨나는 '내가 식고 있다'는 〈신체의 자기소개〉와는 달리, 외부와 신체와의 온도차는 피부감각만으로 알 수 있는, 정립 이전의 단일한 외부 감각인 듯하다.

5) 압각

저기압이 오면 몸도 머리도 무거워져, 사고력이 떨어지고 걷는 것도 겨우 걷게 된다. 당연히 멀미도 심하다. 특히 비행기에서는 타고 있는 도중에 미세하게 기내의 기압이 변하기 때문에 몸의 조정이 이를 따라가지 못하고, 오키나와나 홋카이도까지의 2시간 여행에선 '그만 용서해 주세요'하고 빌고 싶을 정도로 완전히 비행기 멀미로 뒤집힌다. 당연히 해외로의 긴 여행은 가고 싶다고 생각할 수조차 없다. 기(氣)를 대량으로 내뿜는 사람 근처에 있으면, 휘청거릴 정도로 평형감각이 흐트러진다는 경험도 있다.

이와 같이 신체 내부에서의 정보뿐 아니라 외부 정보를 감수할 때에도 미세한 대량의 자극을 받아들이고 있는 것을 알 수 있다. 그 외부 자극에 의한 '감각포화 → 패닉'의 흐름을 설명하기 쉬운 감각이, 바로 '시각'과 '청각'이라 할 수 있다. 그렇다면 다음으로 그 '시각'과 '청각'을 비교하며 나의 신체에는 구체적으로 어떠한 일이 일어나고 있는지를 살펴보겠다.

수영장 가장자리를 따라 걸을 수 없다

오감 중 특히 시각과 청각은 서로를 강하게 보충하는 관계에 있는 것일지도 모른다. 자폐권의 사람들은 외계의 상황을 판단할 때에 주로 시각 정보를 실마리로 하는 사람과 청각 정보를 실마리로 하는 사람을 대략적으로 분류하는 말로 '시각 우위', '청각 우위'라는 말을 사용하곤 한다.

　나는 청각 우위라 생각하고 있다. 시력은 맨눈으로 1.2~1.5로, '일반적'으로야 보이고는 있겠지만, 시각을 통해 공간이나 이미지와 같은 정보를 파악하는 것은 (어떤 의미에서는) 보통 이하의 부분도 있는 것 같다. 시각 우위인 사람의 말에 따르면, 사물의 일면만을 보아도 모든 각도에서 입체적으로 이미지화 하는 것이 가능하고, '밑에서 보면 이런 느낌이 되겠다'와 같은 것도 알 수 있는 듯하다. 나에게는 정말로 상상할 수 없는 세계로, 그러한 말을 들으면 초능력처럼 느껴진다.

　한편, 나는 소리로 주변을 보고 있다고 해도 될 정도로 청각으로 모든 정보를 잡아내고 있다. 이를 '에코 로케이션(echolocation)' 혹은 '반향정위(反響定位)'라 하는데, 이처럼 나는 반향음을 공간파악이나 스스로의 위치 확인을 위해 사용하고 있다. 그 형태는 맹인의 청각 사용법에 가까운 듯하다. 예를 들면, 야외의 인기척 없는 조용한 수영장의 곁을 따라 걷고 있을 때는, 물에 의해 소리가 흡수되어 들리지 않게 됨에 따라 물이 있는 곳의 위치가 낮게 느껴진다. 그 때문에 급경사면 절벽에 서 있을 때와 같이 몸이 물 쪽으로 기울어 그대로 떨어져버릴 듯이 되기 때문에, 가능하면 물가는 걷지 않도록 하고 있다.

　어릴 때부터 수영장이나 바다가 무서웠던 첫 번째 이유는, 급격한 온도변화에 견디지 못하고 공포심으로 호흡곤란이 되어 패닉이 일어나기 때문이었다. 그러나 하나 더, 자신의 목소리가 물에 흡수되어서 자신에게도 남에게도 다다르지 못하게 되기 때문에 '자신이 사라진다'는 생각을 하게 되었던 것도 그 이유 중 하나였다. '이런 상태에서 만약 물에 빠지면, 나는 다른 사람들한테는 보이지 않고 먼 곳까지 목소리도 다다르지 않으니, 절대로 나는 구조될 수 없어'라고 4살 때부터 확신하고 있었고, 그것은 견디기 힘든 공포였다.

실내 수영장의 경우는 수중에서 소리가 사라지는 것과는 반대로, 왕왕하고 울리는 실내의 반향음에 의해 나의 위치나 공간과의 관계가 파악이 안 되어 스스로가 어디에 있는지 알 수 없게 된다. 물속이나 수면에서는 소리가 흡수되어 들리지 않는 것에 공포심을 갖고, 수영장 곁에서는 반향음 가운데서 자신의 위치를 확인하고 위험을 감지하는 데에 정신이 팔려 신경질적으로 되기 때문에 실내 수영장도 매우 싫어한다.

반향음으로 휘청거리는 현상은 욕조 혹은 건물의 탁 트인 부분 등에서도 일어나기 때문에, 보통 잘 서 있지 못한다. 이럴 땐 학교의 음악실과 같이 벽에 작은 동그란 구멍이 많이 뚫린 흡음벽으로 이루어진 방이면 반향음의 정도가 딱 좋다. '확실히 여기에 있다'고 자신의 존재도 실감할 수 있고, 물건의 윤곽이 뚜렷하게 보여, 그것들과의 거리를 재기 쉽게 된다. 청각 우위와 관련한 다른 예로는, 절대음감 훈련도 동생들과 비교하여 소질이 있고 쉽게 체득한 것을 들 수 있을지도 모르겠다.

시각이 포화할 때: 무의미한 것에 점령당하다

시각이든 청각이든, 정보는 처음에 무엇을 나타내고 있는지를 모르는 단순하고 강한 자극으로 들어온다. 그 의미 불명의 자극정보로 가득 차버리는 것이 나에게 있어서의 '시각포화'이다. 시각에 있어서 정보가 너무 많아 처리가 불가능하다고 느낄 때, 나는 무엇이 보이고 있는 것인지를 판단하지 못 하는 상태가 된다. 그림자 상태인 검은 부분과 그렇지 않은 부분의 대조가 보다 강하게 느껴져, 색이 음영으로서만 날아들어온다. 예를 들어 말하면 [그림 11]과 같은 느낌이다.

그림 11 시각포화

이러한 경치는

이런 느낌으로 보인다

더욱이 이럴 때는 정보 모두를 안구운동이 따라갈 수 없는 상태이고, 사물 하나하나가 무엇인지를 판별하는 것이 쓸데없이 어려워진다. 어디에 초점을 맞추어야 할지 모른 채 막연한 세계가 되어버린다. 자신에게 무엇을 호소하고 있는지가 불분명한 것이 많고, 그저 배경으로서 눈에 날아 들어오는 것처럼 되어, 모든 것들이 '모르겠는' 정보인 채로 다량의 사진 기억으로 뇌리에 새겨져 간다. 이와 같은 시각포화에서는 대량의 〈자극〉 단계의 정보를 처리할 수 없어 혼란에 빠지고, 기분이 안 좋아지곤 한다. 덧붙여 나에게는 '난독증(dysrexia)'이 있어, 일본어는 아슬아슬하게 읽어도 영어를 읽는 것에는 많은 곤란이 있다. 그 이유도 이와 완전히 동일한 현상이 일어나고 있는 것에 있다.

피곤한 상태거나 열이 있는 등, 몸 상태가 최악인 상태면 〈자극〉 단계의 정보가 따끔거리는 아픔으로서밖에 느껴지지 않는 수준으로 떨어진다. 눈에 날아들어오는 자극이 아프고 구역질이 나며, 눈을 뜨지 못하게 된다. 이 경험은 겨울 스키 연습장이나 여름의 해변에서 눈부셔서 눈이 떠지지 않는 것과 유사하다. 그럴 때면 색깔에 대해 (물론 색 자극으로 확실하게 보이고는 있지만,) '색'으로서의 판단은 불가능하다. 보이고 있는 색에 어떤 의미가 있는지를 모르는 채, 색이 물든 사진 기억으로서 남아있게 된다.

3. '사물의 자기소개'의 포화: 청각포화의 예

사과가 말을 걸어온다

〈자극〉 단계의 다음으로 오는 것은, 신체 외부에서의 자극이 의미있는 형태로 정립되어, 마치 1장에서 신체가 자기소개한 것과 같이 '사물이 자기소개를 하는' 단계이다. 자기소개가 정립되면, 자극은 그 선명함과 강렬함을 잃고, 신체감각 및 심리감각도 약해지는 경향이 있다. 이 단계에서는 사물과 배경의 구별이 지어지고, 거기에 있는 사물들이 자신에 대한 정보를 말해 온다. '나, 앉아 있어', '꽉꽉 차 있어', '나는 각이 예리해'하고, 자기들이 어떤 상태의 무엇인지를 자기소개해 온다. 예를 들면, 사과를 봤을 때에 내 안에 떠오르는 것은

이름은 사과 / 빨갛고 동그래 / □□지역 재배 / △△ 품종 / 제철 / 꿀 함유 / 농약

등이다. 즉 사과라는 자극에 관련되는 나의 기억이 끌려나오는 것이다.[12] 필요하면 그 자기소개에 응답하여 사물을 만지거나 쓰다듬거나 하며 사물이 무엇인지를 확인하는 때도 있지만, 대개는 피곤해지기에 그와 같은 사물의 자기소개를 들을 회로는 닫아 놓고 있다. 가끔씩, '흠, 그렇구나'하고 그들의 목소리를 그냥 듣는 일도 있는 정도이다.

청각이 포화할 때: 의미있는 것으로 가득 차다

청각포화란, 이 〈사물의 자기소개〉 단계에서 정보가 넘쳐흐르는 상태를 가리킨다. 에어컨 소리, 컴퓨터를 치는 소리, 바퀴벌레가 기어가는 소리, 전차, 구급차, 텔레비전, 아무개씨의 목소리, 오토바이 등등, 들려오는 하나하나의 소리 모두에 대하여 차례로 머리가 무슨 소리인지에 대한 대답을 고속으로 잡아내어 간다. '의미를 아는 소리'에 의해 머릿속이 가득 차는 것으로, 평형감각이 무너지고, 어질어질 현기증이 일어난다.

---

12) 여기서 끌려나오는 기억은, L. R. 스콰이어(Larry R. Squire)의 기억분류에서 말하는 '서술기억(declarative memory)'이라 말 할 수 있겠다.

또한, 작은 소리까지 잡아낼 수 있는 만큼 큰 소리에의 내성이 낮은 듯하여, 구급차가 눈 앞을 지나가거나 공사현장 혹은 전철 철교 등의 큰 소리에는 무서운 생각을 하게 된다. 더욱이 많은 소리 정보가 한 번에 들어와 버리면 하나의 소리로 간추리지 못하는 증상도 갖고 있기 때문에, 번화한 술집에서 사람과 이야기하는 상황이면 상대의 목소리가 잡히지 않아 많은 집중력이 필요하고 금방 지치게 된다. 그 밖에도 음악이 흘러나오는 서점에서는 서서 읽을 수가 없고, 떠들썩한 패밀리 레스토랑에서는 대화가 불가능하다.

이와 같이 청각포화가 심할 때에는 소리가 크고 너무 많이 들려오기 때문에, 그 이상 청각 자극을 넣을 수 없도록 어쩔 수 없이 귀마개를 한다. 하지만 비교적 포화가 적을 때에는 귀마개를 하면 오히려 외계의 파악이 불확실하게 되어 평형감각도 시각도 어영부영하게 되며, 이로 인해 무서워서 걸을 수 없게 되어 버린다. 이어폰으로 음악을 들으면서 걷는 것은 당치도 않다.

시각포화 때와 같이, 피로는 더욱 더 간추림과 정립을 느리게 만듦에 따라 청각포화를 가중시킨다. 나의 경우 청각 정보는 시각 정보와 비교하여 〈사물의 자기소개〉까지는 정립되기 쉬운 편이지만, 지쳐 버리면 〈사물의 자기소개〉 이전의 〈자극〉의 단계에까지 수준이 저하된다. 그러면 무슨 소리인지 알지 못하고, 많은 종류의 소리가 대음량으로 구분이 어렵게 날아 들어오게 된다. 더욱이 최악의 상황이 되면, 시각포화가 진행되었을 때와 같이 청각 정보도 자극이 따끔거리는 아픔으로서밖에 느낄 수 없는 수준으로 떨어진다. 딱딱거리는 컴퓨터를 치는 작은 소리라 할지라도 소리가 빙빙하며 귀를 찔러 아픈 상태가 된다.

이상과 같이 시각 정보도 청각 정보도 '천천히 정립되며, 감각포화에 의해 패닉이 생긴다'는 의미로는 같은 것이지만, 〈자극〉 단계에서 생기기 쉬운 시각포화는 '모르는 것으로 가득'하게 되고, 〈사물의 자기소개〉

단계에서 생기기 쉬운 청각포화는 '아는 것으로 가득'하게 된다는 점에서 크게 다르다.

4. '어포던스'의 포화

이렇게 하여, 외계의 모든 사물은 우리들에게, 자신이 무엇인가에 대한 '자기소개'를 해 온다. 또 동시에 사물은, '먹을래?' '던질래?' '걸을래?' 등, 나의 행동선택을 독촉하는 자기주장도 해 온다. 이와 같이 사물이 사람에 대해 행동을 재촉하는 모습을 생태심리학의 전문용어로 〈어포던스〉 라 칭한다고 한다.[13]

사물로 흘러넘친 현대의 일본에서는 많은 사람이 이와 같은 사물의 권유를 받아, 차례로 '원한다' '먹고 싶다' '사고 싶다'라는 〈원행성〉을 정립 하고 있다. 하지만 1장에서도 말한 바와 같이 나는 대량의 미세한 신체 내외 정보의 '수요와 공급' 조정이 생겨나기 어렵기 때문에 〈원행성〉 또 한 정립되기 힘들다. 신체 내부의 정보와 조정이 불가했을 때의 '신체 외부의 정보', 즉 사물의 〈어포던스〉는, 단지 대량으로 넘쳐흐르는 행동의 선택지로서만 주입되어 들어온다. 그 결과 간추림이 늦고 정립되지도 않은 채, 난립하는 〈자극〉, 〈사물의 자기소개〉, 〈어포던스〉가 머릿속에 넘쳐난다. 나는 이로 인해 머리가 지끈지끈하게 되어 고통스러워지고, 패닉이 초래된다.[14]

---

13) 어포던스에 의해 끌려나오는 것은, 의식적·무의식적으로 신체에 새기고 있는 '절차적 기억'이라 말 할 수 있을지도 모른다.

14) 한편 나의 경우, 드물기는 하지만 사물이 발하는 어포던스가 원래 정립되기 힘든 〈원행성〉이나 구체적인 행동의 정립을 도와주는 일도 있다. 예를 들면 방금 전까지 전혀 배고픈 감각 등이 나타나지 않고 있었는데, '괜찮다면 먹을 래?'하고 돌연히 들이대는 주먹밥을 보고 '어머, 잘 먹겠습니다'하고 '먹고 싶 다'는 〈원행성〉이 급격하게 정립되곤 한다. 이와 같이 자기주장이 온화하지만 명확하고, 타이밍도 좋게 정립을 도와주는 어포던스의 등장 방식도 있다.

5. 목소리가 넘쳐흐르는 일상

쇼핑과 윈도우 쇼핑

예를 들어 쇼핑의 경우를 살펴 보자. 산다고 하는 것은 고른다고 하는 것이다. 슈퍼에서도, 옷가게에서도, 음식점에서도, 잡화점에서도, '나를 골라줘♪'하고 호소하는 많은 사물들 속에서 하나를 골라낸다는 것은 내게 있어 고통을 동반하는 대단히 곤란한 일이다. 하나하나의 상품에 대해, '소재는?' '품질은?' '메이커는?' '최저가는?' '유효기간은?' '지점에서는 얼마지?' '국산인가?' 등의 많은 체크항목이 작동하여 각각을 확인하며 고르지 않으면 안 되기에, 나의 쇼핑은 몹시 느리다. 그러나 남들이 보기에는 느리더라도, 내 머릿속에는 가게 앞에 넘쳐흐르는 〈자극〉, 〈사물의 자기소개〉, 〈어포던스〉가 차례로 난립하며 정체를 일으키고 있는 것이다.

그리고 쇼핑 15분 정도 후에는 정보가 포화하여 강렬한 〈자극〉만 난립하는 단계까지 수준이 저하되고, 이제 보는 것도 무리라 생각되며 기분이 나빠진다. 그 결과, 짜증, 슬픔, 수치심, 분노, 등의 기분이 혼잡한 상태로 '이제, 오늘은 끝내기로 할까! 차라도 마실까?'하고 자기 자신이나 동반자에게 알리게 된다. (그러면 '지금 막 온 거잖아'라며 놀람 반, 질림 반으로 따라준다.)

한편, 윈도우 쇼핑인 경우는 '보기만 할 뿐'이고 대개는 고를 필요가 없다. 그래도 기본적으로 물건을 많이 볼 때는 나중에 사진 기억('플래시백')이 덮쳐오기 때문에 망설여진다. 하지만, 그런 나여도 유일하게 가능한 아슬아슬한 윈도우 쇼핑이, 백화점 지하의 디저트 코너 둘러보기이다.

즐기기 위해서는 결코 '고르지 않는 것', 즉 '사지 않는 것'이 중요하다. 다만 조형이나 아름다움을 즐기는 것으로 눈의 기쁨을 맛보고, 되는대로 맛을 상상한다. 정립을 재촉받지 않고, 느긋하게 눈에 날아드는 채로

'어머, 이 색감 좋다' '맛있겠다' 입체감이 있어서 멋져'하고 조금 신나는 정도의 기분으로 있으면 된다. 파라다이스다.

하지만, 그 백화점 지하에서 저녁을 먹어야 하게 되었을 때, 갑자기 그 곳은 내게 있어 가혹한 지옥이 된다. 무심코 영업종료 30분 전의 백화점 지하에 발길을 옮겨 버리면, 이곳저곳의 물건에 '20% OFF' '10% 인하' '반액!'같은 노란 할인 스티커가 붙고, 점원들도 사방팔방에서 '종료 전 할인입니다!'하고 외친다. 그런 대량의 정보가 나의 정립을 재촉하기 때문에 순식간에 감각포화가 일어나고, 불안과 불쾌함으로 '그런 식으로 재촉하면 고를 수 없다고!'라는 마음속 분노가 올라오며, 사지 않고 (혹은 사지 못하고) 돌아가는 처지가 된다. 그리고 귀가 후 아무것도 먹을 게 없는 상황에 직면하여 '쇼핑을 할 수 없는 나 자신'에 부정적으로 몰두하게 되는 것이다.

실천! 우직하게 어포던스♪

사물 중에는 무엇인지 모르겠는 사물이나, 어떤 식으로 취급되길 바라는지를 말하지 않고 서성거리기만 하는 사물도 있다. [그림 12]의 사진은 5년 이상의 긴 시간 그냥 목욕탕에 놓여진 채로 있는 사물들이다. 없는 물건으로 치고 계속 무시하여, 도대체 어떻게 취급받고 싶은지를 알 수 없게 되어버린 세안 폼 2개에, '빨리 써 줘!'하고 글씨로 말하게끔 했을 때의 사진이다.

그림 12 무언가에 대사를 써 보았다

또한 왼쪽의 샴푸들은 그 응용편이다. 곁에 '린스가 들어간 샴푸 아이', '아야야의 샴푸'로 이름을 지었을 뿐인데도, '누구의' '무엇'인지를 항상 바로 알게 되어 정말 편리해졌다. 'use me(사용해 줘)' '아야야, 이제 조금 남았어. 빨리 써 줘♪' '이걸 먼저 써 줘' '나를 써 줘! 없어지고 싶다고…'라고 사물에 대사를 적어 보았다. 나 자신은 사용법을 알고 있지만 '누군가 다른 사람도 사용할 지도 모르니까'하고, 트리트먼트에도 '샴푸 후 머리에 묻혀 3분 방치. 가볍게 씻겨 내려감(린스는 불필요)'하고 자기소개를 시켰다. '가족 모두에게 알기 쉽도록'하고 생각하여 해 본 것이었지만, 해 보니 누구보다도 내가 가장 잘 알게 되었다. 사물이 '자신은 무엇인가' '어떻게 되고 싶은 것인가'를 알기 쉽게 말하기 시작하자, 나 자신에게도 장벽이 제거가 되었기에 놀랐다.

앞으로는 글자를 쓰지 않아도 이해되는 스마트한 실천을 지향하고 싶다. 글로 설명하지 않아도, 사람이 묻지 않아도 물건이 동선이나 사용법을 알기 쉽게 유도해줄 때, "이렇게 해 줬으면 좋겠어"하고 물건이 말을 거는 듯한 느낌이 든다. 그것이 바로 건축이나 디자인 세계에서 응용되는 '어포던스'라는 개념일 것이다.

6. '감각 과민', '감각 둔화'라는 단어의 재검토

자폐에 대해 말하는 전문가의 용어에서는 '감각 과민'이나 '감각 둔화'라는 말이 자주 사용된다. 그러나 그러한 단어의 사용 방식은 '어디에 과민이나 둔화가 나타나는지는 사람마다 다르다'는 식으로 대략적으로만 틀이 잡혀 있을 뿐 별다른 원칙이 없다. 신체감각에 대해서는 고려하지 않고 외부로 나타나는 행동이나 표출에만 주목하기 때문에, 자극에 대해서 '눈에 보이는 큰 반응을 하는 감각 과민'과 '눈에 보이는 반응을 나타내지 않는 감각 둔화'로 분류가 된다. 하지만 여기까지 서술한 관점에서 이 단어들을 재검토하면, 이 분류는 별로 본질적인 부분은 아니라고 생각한다.

나의 감각의 경우, '감각 둔화'라 불리고 있는 상태는 대량의 미세한 신체 내외의 감각이 좀처럼 의미나 행동으로서 정립되지 않는 모양을 가리키고 있는 것이라 생각한다. 예를 들면 나 자신은 신체의 공복감이나 체온변화를 정립하는 데에 시간이 걸린다. 그 밖에도 소변 마려움이 정립되기 힘들기 때문에 시간을 정해서 화장실에 가는 사람이나, 신진대사 감각이 정립되기 힘들어 비위생적이게 되기 쉬운 사람, 생리 감각이 정립되지 않아 남에게 곧잘 지적받고 수치심을 느끼는 사람 등의 경험담을 자폐권 당사자들의 모임에서 들은 적이 있다.

이런 때에는 눈에 보이는 행동이나 표출이 없고, 언뜻 보기엔 명해 있는 것처럼 보이기 때문에 '감각 둔화'라고 간주되는 것이겠다. 그러나 1장에서도 말한 바와 같이, 이런 때에 당사자는 오히려 대량의 미세한, 이쪽저쪽에서의 신체감각에 사로잡혀 있을 가능성이 높다.

한편 '감각 과민'이라 불리고 있는 상태는 많은 사람이 잠재화되기 쉬운 신체 내외에서의 감각을 간추리지 않고 그대로 포착하여, 그것들을 패닉 등의 형태로 표출해 버리는 모습을 가리키고 있다. 예를 들면 드라이기 소리에 귀를 막고 도망쳐버리거나, 거리의 많은 간판들을 무서워하는 일 등이 이러한 '감각 과민'에 해당하는 것이라 생각된다.

그렇다고는 해도, 감각 과민과 감각 둔화 사이에는 그만큼 본질적인 차이는 없다. 둘 모두 '신체 내외에서 대량의 미세한 정보를 받아들이고, 이를 간추리고 정립하는 것이 천천히 진행되기 때문에 생긴다'는 한 마디로 설명이 되는 것이다.

여기까지를 [그림 13]과 같이 정리할 수 있다. 신체 외부에서의 감각 정보는 우선 의미불명의 〈자극〉으로서 들어온다. 이 단계에서도 이미 이 자극에 반응하여 나의 신체에는 변화가 생기고, 일정한 '신체감각' 및 '심리감각'이 생겨난다. 이 〈자극〉의 단계에서는 배경과 대상물의 구별은 짓기 힘들다.

그림 13 간추림과 정립

자극

대상의 간추림과 의미의 정립

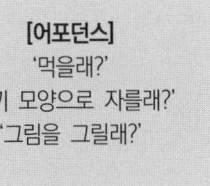

[자기소개]	**[어포던스]**
'빨갛다' '둥글다' '아오모리산(青森産)' '꿀 함유'	'먹을래?' '토끼 모양으로 자를래?' '그림을 그릴래?'

상태의 설명   행동을 재촉한다

다음으로, 자극의 일부가 대상=사물로서 배경과 섞여 있는 상태로부터 추려진다(대상의 간추림). 그리고 사물은 자신은 무엇인지에 대한 〈자기소개〉와, 자신에 의해 어떠한 행위가 가능해 지는가에 대한 〈어포던스〉를 정립한다(의미의 정립). 자극에서 어떠한 의미(=자기소개+어포던스)를 정립할 지는 사람마다 제각각으로, 경험을 통해서 학습한 각자의 패턴이 있다. 한편 나의 경우는 앞서 서술한 바와 같이, 일단 완성된 〈의미의 정립 패턴〉이 쉽게 풀리고 자극의 단계에까지 돌아가기 쉽다.

이상과 같이, 외부 세계는 다수의 〈자극〉, 〈사물의 자기소개〉, 〈어포던스〉라는 정보로 넘쳐흐르고 있다. 그것들 대량의 정보를 그때마다의 내 신체 내부에서의 정보와 조정하여, 간추리고, 〈원행성〉과 행동을 정립해 가지 않으면 안 된다(1장 참조). 하지만 신체 내외에서의 정보에 대해 간추림이나 정립이 느린 나는 조정되지 않고 난립하는 감각 정보에 쉽게 포화되고, 곧잘 정체나 패닉에 빠져 버리는 일상을 지내고 있다.

1장과 본 장에서 서술해 온 당사자로서의 관점에서, 이 책에서는 '자폐'라는 것을 다음과 같이 포착하도록 하자.

신체 내외로부터의 정보를 간추리고 의미나 행동으로 정립하는 것이 천천히 이루어지는 상태.

또한, 한 차례 완성한 의미나 행동의 정립 패턴이 간단히 풀리기 쉬운 상태.

◆

도쿄에는 후지TV가 있는 오다이바(お台場)로 이어지는 '유리카모메'라는 모노레일이 있다. 2년 전 겨울, 2층의 유리카모메의 시오도메역 중앙 홀에서 5분 거리에 있는 JR 신바시역으로 환승하기 위해 엘리베이터에 탔다. 지상층에 도착해서 엘리베이터에서 내린 후 몇 걸음 나아가자, 갑

자기 엘리베이터의 움직임이 뇌리에 박혀, 어지러움과 함께 메스꺼움이 밀려왔고 쭈그려 앉게 되었다. 이런 유사한 상황은 자주 있지만, 쭈그려 앉아야만 할 정도였던 것은 드문 일이었다. '오늘은 꽤나 몸이 안 좋은 건가'라 생각하고, 잠시 쉬며 진정되기까지 기다렸다.

1년 후, 재차 같은 길을 찾아가게 되었다. 전에도 같이 갔던 친구가 '1년 전, 이 다음에 있는 엘리베이터를 내렸을 때 너가 현기증 난다고 쭈그리고 있었지'하고 말을 했다. '에, 그랬던가…? 아! 완전 까먹고 있었는데 떠올리게 하지 마! 암시에 걸려서 진짜 현기증 일으킬지도 모르잖아!'하고 나는 무서워했다. 엘리베이터로 지상층에 도착하여 쭈뼛쭈뼛한 걸음 두 걸음 나아가던 중, 친구가 '봐, 마침 이 근처에서'하고 말한 것과, 내가 '우왁!'하고 소리지르며 양 손으로 두 귀를 막은 것은 거의 동시에 일어났다. 역시 현기증이 발생한 것이다.

'또야? 무서워! 하지만 이상하네. 대체 왜 이러지?' 친구와 나는 도로 위를 조사했다. 골프장 위의 잔디를 보는 듯 쭈그리고 목을 숙여 시선을 도로 위에 맞추자, 그 부근이 마침 20센티 정도의 간격으로 흔들흔들하며 완만히 흔들리고 있는 것으로 판명됐다. '뭐야. 지면이 비뚤어져 있어!'

그렇게 인식한 후에 다시 천천히 그 곳을 걸어보자, 별다른 것은 없었다. 도로 위의 그 부분에는 보통 사람이라면 간단하게 끝내버릴 법한 작은 너울이, 확실히, 그냥, 있을 뿐이었다. 〈자기소개〉가 없는, 형용하기 힘든 〈자극〉이었던 것과 관련하여 〈사물의 자기소개〉가 확정된 순간이다.

여러분도 어렸을 적 눈을 감고 계단을 올랐던 경험이 있을 것이다. 층이 하나 더 있다고 생각했더니 계단이 끝나 있어서, '이 높이에 있을 터'라고 생각해 내린 발이 스칫 하고 공중을 밟아, 휙 하고 몸을 쓰러뜨린다. 그와 같은 일이 나의 경우 눈을 뜬 일상생활에서, 그것도 지면의 미세한 경사에서 항상 일어나고 있다.

길에서도 복도에서도 시각적으로는 '평평하다'고 판단하고, 다리에 대해 '다음 한 걸음도 지금과 같은 템포, 같은 높이로 다리를 내려'하고 지령을 내린다. 그런데 발바닥이 지면에 닿은 순간 '아니에요, 지령과 다릅니다! 템포가 아까보다 조금 빠릅니다. 아까처럼 하면 무릎이 다 펴지지 않아요!', '미묘하게 늦었어요! 생각한 곳에 복도가 없었습니다! 몸이 기울어요. 어떻게 하죠?'하고 신체감각들이 매우 당황하며 긴급사태를 발령하고 호소한다. 지령과 실제의 감각이 다르기 때문에 평형감각이 꾸불렁 하고 정신이 나가, 현기증에 빠진다.

그러고는 '다른 사람은 괜찮은데, 왜 나에게는 늘 이런 일이 생기는 걸까?' '나는 엄살인걸까' '4차원 소녀 흉내를 내는 걸까' '막 태어난 새끼 말처럼 비틀비틀 하고, 무서워하면 무언가에 매달려서 걷는 나란 사람은 도대체 뭐란 말인가'하고, 여기서도 또 불안함이 엄습한다.

발달장애 당사자연구 자폐인이 몸, 그리고 세계와 관계맺는 방식

3장

꿈인가 생시인가

꿈인가 생시인가

나는 공상의 세계에 푹 빠진 아이였다. 소심하지도 않고 수줍어하지도 않는, 말을 더듬거나 소극적이지도 않은, 그야말로 '그냥 애들'의 집단 속에서 나는 어떻게 지내면 좋을지 규칙을 몰랐다. (생각해 보면, 규칙이 미발달한 무질서한 세계야말로 '그냥 애들'의 집단인 것일지도 모르겠다.) 그렇기에 나는 유치원에 정을 붙일 수 없었다. 그 대신 나는 책의 세계에서, 아니면 하늘이나 달, 식물이나 벌레, 인형이나 사물과 말하는 세계에서 자주 지내곤 했다.

휴일에는 가족끼리 차를 타고 자주 외출했었지만, 차멀미에 매번 입을 다물고 있었다. 멍하니 창밖을 바라보며, 지나가는 거리의 경치를 보고 길을 외우거나, 푸르른 숲과 대화하는 것은 마음에 들곤 했다. 머릿속에서 창조해 낸 세상 속에서라면 나는 또래들의 집단과도, 식물과도, 인형과도, 옛날 이야기의 등장인물과도 '능숙하게 대화하고 커뮤니케이션 가능한 사람'이 되어 있었다. 나에게 있어서는 그쪽의 세계가 자연스러웠고, 나 자신이 있어야만 하는 진짜 세계라고 느끼곤 했다. 하지만 그와 같은 '유아기에 끝나는 애니미즘'이라 여겨지는 세계는 아무리 지나도 없어지지 않고, 중·고교생이 되어도, 대학생이 되어도 이어졌다. 이것 또한 '나에게는 무언가 결함이 있다. 아무래도 나는 "성인"이 될 수 없는 인간인지도 모른다. 도대체 나는 뭘까…'하며 스스로를 초조하게 만들었고, 살아갈 자신을 잃게 만들었다.

현재도 나는 집단 속에서의 생활 방식을 잘 모른다. 사람들이 즐거운 듯 이야기하고 있는 모습을 물속에서 수면 바깥을, 혹은 유리창 너머로 창 밖의 세계를 보고 있는 것과 같이, 나 자신과는 동떨어진 세계라고 느낀다. 말하고 있는 단어는 들리고 언어로서의 의미도 알지만, 사람들의 즐거움이 전해지지 않고 진의가 보이지 않는다. 왜 그는 그렇게 움직이고 그와 같은 말을 하는 것일까.

나는 사람들의 '의도'의 너무 많은 가능성을 추측해 버리고, 이것이 하나로 수렴되지 않아 상대방을 '읽지 못하는' 상태에 빠진다. 이리 하여 '의도'와는 별개인 '?' 마크가 붙은 사람들의 단어, 표정, 동작 등만이 대량으로 나의 기억 속에 쌓여간다. 혼자가 되었을 때나 자기 전에 그 기억이 뿜어져 나오기 때문에, 나는 가위에 눌리고 '왜 나에게는 이런 힘든 일이 일어나는 걸까. 나에게는 무엇이 일어나고 있는 걸까. 도대체 나는 뭘까…'하고, 또 자신감을 잃어간다.

이 장에서는, 이처럼 꿈과도 현실과도 이어지지 못하는 경험이 나의 일상에 침입해오는 빈번한 상황에 대해 서술한다. 왜 이러한 일이 일어나는 지에 관한 질문에 대해서도 1장과 2장에서 서술한 자폐의 특징에 기반해 설명을 시도해 보고자 한다.

1. 꿈 침입

앞선 장들에서 살펴본 바와 같이, 나의 경우 몸 안쪽에서 오는 감각

발달장애 당사자연구 자폐인이 몸, 그리고 세계와 관계맺는 방식

이든(1장), 바깥쪽에서 오는 감각이든(2장), 간추림이나 정립 없이 들어오는 감각은 그대로 차례차례 기억에 쌓여 감각포화가 된다. 정리되지 않은 채 커지기만 하는 정보 기억에 의해 머릿속이 뒤덮일 때, 그것들을 간추리고 정립하여 기억 용량을 줄이지 않고서는 몸을 움직일 수 없게 된다. 그리고 포화한 기억은 나의 의사와 관계없이 때때로 둑을 터뜨린 듯 재생된다. 이와 같은 현상을 '꿈 침입'이라는 단어로 총칭하고, 그 체험에 대해 상세히 서술해 나가고자 한다.15)

우리들이 '꿈을 자주 꾸는' 이유

'꿈 침입'이란 간단하게 말하면 '기상해 있는 상태임에도 불구하고 꿈이 밀려들어오는 상태'이다. 특히 지치거나 졸릴 때 이와 같은 상태에 놓여 질 때가 많다. 아직도 꿈이 갖는 기능에 대해서는 과학적인 합의가 이루어지지 않고 있는 모양이지만, 한 가설에서는 꿈에 기억의 간추림이나 정립, 즉 기억을 정리하는 역할이 있다고 본다. 그렇다면 감각이 포화하기 쉽고 기억의 정리가 필요한 자폐권의 우리들은 '꿈에 대한 양적인 욕구가 많고, 꿈 침입을 일으키기 쉽다'고 할 수 있을지 모른다.16)

---

15) 각성에서 수면에 다다르는 변화에 대해서는, 뇌파 등에 의해 편의적으로 '입면기 → 논렘(non-REM) 수면 단계Ⅰ → 논렘 수면 단계Ⅱ → 논렘 수면 단계Ⅲ → 렘(REM) 수면'과 같이 분류되어 있다. 수면학자인 앨런 홉슨(J. Allan Hobson)은 각 수면 단계의 의식 상태가 어떠한 것인지에 대해 연구했다. 수면 중에는 기억 저장이 방해받고 있기 때문에 사람들은 자고 있는 사이의 체험 대부분을 잊고 있지만, 실은 꿈속에서는 매일 밤 많은 정신질환적인 의식 상태를 체험하고 있다고 한다. '체험하고 있지 않는' 것이 아니라 '체험했지만 잊고 있을' 뿐인지도 모르는 것이다. 뇌의 어떤 기능은 각성 상태이고 다른 기능은 수면 상태일 경우(막 잠이 들었을 때 등), 의식 상태는 꿈과 각성이 혼합된 양상을 보인다. 그 상태를 '해리(解離)'라고 칭하는 일도 있지만, 본서에서는 보다 주관적 체험인 '꿈 침입'이라는 단어로 표현하도록 한다.

16) 꿈은 특히 절차기억(procedural memory, 나날의 에피소드나 지식과 같이 기성 사실로 의식이나 언어 속에서 재생할 수 있는 것이 아닌, 자전거 타는 법이나 줄넘기 하는 법, 사칙연산 하는 법 등, 신체적 행위나 사고패턴 속에서 재생할 수 있는 기억)의 정착에 있어서 중요하다고 한다. 이 책의 단어로 말하자면 〈행동의 정립 패턴〉의 정착이다.

전문가들도 자폐증을 지닌 사람은 판타지 세계에 사는 경향이 있다고들 말하지만, 오히려 이는 앞서 서술한 바와 같이 감각포화와 관계되는 것은 아닐까 한다. 예를 들면 템플 그랜딘[17]은 다음과 같이 서술하고 있다.

> 홀로 놓이게 되면, 나는 허공을 바라보며 최면술에 걸린 듯한 상태를 보였다. 해안에서는 몇 시간이고 손가락 사이로 스르륵하고 떨어지는 모래에 심취하고, 흘러 떨어지는 모래의 한 알 한 알을 관찰했다. 모래알은 각기 달랐다. 나는 마치 현미경으로 모래알을 분석하는 과학자와 같았다. 그 형태나 요철에 넋을 잃고 바라보고 있으면, 차츰 명상 상태에 들어가, 주변 경치나 소음으로부터 차단되어 버리는 것이었다.[18]

난 도대체 뭘까

이러한 꿈과 같은 상태가 자신의 의사와 관계없이 침입해 오는 날들을 보내고 있으면, '지금 느끼고 있는 것은 확실히 존재하고 있는 일이다'라는 현실감을 상실하기 쉽다. 또한 기억의 시간축도 애매하게 되기 쉽다. 그렇기에 이 '꿈 침입'은 나를 항상 불안정하게 만들어 왔다.

'난 도대체 뭘까'

'이런 현상은 나만 그런걸까, 아니면 누구한테나 그런 것임에도 오직 나만 이 현상에 사로잡혀 있는 걸까'

---

17) [옮긴이 주] 템플 그랜딘(Temple Grandin)은 미국의 저명한 동물학자이자 자폐 당사자이다. 특히 가축의 행동 및 사고 방식을 깊이 이해하여 동물의 복지를 고려한 축산 시설을 설계하며 이 분야에 혁신을 가져왔고, 그의 디자인은 현재 전세계 여러 지역에서 활용되고 있다. 국내에도 『나는 그림으로 생각한다』, 『동물과의 대화』, 『어느 자폐인 이야기』, 『템플 그랜딘의 비주얼 씽킹』 등의 저작이 번역되어 있다.
18) 『自閉症の才能開発』, 学習研究社, 52면. ([옮긴이 주] 해당 서적은 국내에는 템플 그랜딘, 홍한별 역, 『나는 그림으로 생각한다: 자폐인의 내면 세계에 관한 모든 것』, 양철북, 2005으로 번역되어 있다.)

'그렇다면 왜 나만 일상생활도 학교생활도 마음먹은 대로 안 될 정도로 이 현상에 사로잡혀 버린 걸까'

답도 없고 도망칠 곳도 없는 갇힌 느낌 속에서, 나는 계속 발버둥 쳐 왔다.

2. 꿈으로의 입구

'꿈 침입'이 시작되는 종류로, '졸음', '물 필터', '영원 모드'의 세 가지를 들 수 있다. 이것들은 '꿈의 세계'로의 입구이다. 셋 모두 많은 적든 외계에서 멀어진 듯한 느낌을 동반하며, 몸은 무거워 진다는 공통점을 갖는다. 이것들 중 '졸음'은 많은 사람이 경험하는, 졸음이 몰려올 때의 의식이 옅어지는 상태이므로 추가로 설명할 필요는 없겠다. 따라서 여기에서는 '물 필터'와 '영원 모드'의 2개에 대해서 설명하고자 한다.

물 필터

물 필터는 대인적인 상호작용을 따라가지 못하게 되거나 감각포화나 행동의 멈춤이 일어났을 때, 또는 충격적인 일에 직면했을 때 등의 상황에서 일어나는 현상이다.19) '으윽…'하고 괴로워지면, 먼저 3센티 정도의 두께의 말랑말랑한 비닐 상태의 필터같은 물건이 확 하고 눈 앞을 덮쳐, 수중에 있는 듯이 시야를 희미하게 만든다. 이 필터는 단순히 시야를 덮

---

19) 강한 정서가 꿈 침입을 야기할 수 있다는 것은 잘 알려져 있다. 홉슨은 예측 불가능한 사태에 의해 일어나는 '경악 반응'에 주목한다. 인간은 자신을 위협하는 상황에 맞닥뜨리면 방어를 하고, 안구는 휘리릭 하고 주변을 살피며, 심박이 크게 뛰고, 호흡은 빨라지며, 손발은 서서히 차가워진다. 이 때 뇌에서는 뇌간에서 PGO파라는 뇌파가 주기적으로 발생한다고 한다. 이를테면 이를 경고 알람이라고 할 수 있을 것이다. 그리고 이 PGO파에는 렘 수면을 유도하는 작용이 있다고 한다.

칠 뿐만 아니라, 동시에 머리를 무겁고 멍하게 만든다. 어떤 일도 순조롭게 생각할 수 없고 시간이 멈추는 듯한 느낌이다. 몸이 긴장으로 굳어움츠러드는 느낌으로, 보이는 것이 일순간 하얗게 되고 상하좌우가 하얀벽지로 둘러싸인 3평 정도의 차가운 방에 있는 듯한 상태가 된다.

그 이후엔 후두부에서 의식이 햄버거 크기의 타원체가 되어, 뒤로 당겨지며 슈욱 하고 빠진다. 그것은 꽤 빠른 속도로 이뤄지며, 이미지로서는 빵 반죽을 잡아 뗄 때와 같이 꼬리같은 것을 남기며 빠져나가는 느낌이 든다. 의식이 빠짐과 동시에 어깨나 등 가운데에 자력으로는 떠받칠 수 없을 듯한 '쿠웅'하는 무거움이 생긴다.

빠져나간 의식의 덩어리는 어딘가 먼 곳으로 날아가 버리는 것이 아니라, 왼쪽 어깨 위 근처에 머문다. 무언가 또 생각을 하려 할 경우에는, 역시 슈욱 하고 의식이 왼쪽 어깨에서 머릿속으로 돌아온다. 그 때에는 머리가 빙 하고 돌거나 현기증이 나곤 한다. 그리고 번득하고 제정신으로 돌아와, 확실한 윤곽을 가진 세계 속에서 사물이 다시 제대로 보이게 된다.

영원 모드

이것도 나를 크게 불안하게 하는 현상이다. 길을 걷고 있을 때, 노트에 쓰면서 공부하고 있을 때, 채소를 자르고 있을 때, 세탁물을 개고 있을 때, 빗자루로 복도를 쓸고 있을 때 등, 나는 순간적으로 확 하고 공포심에 휩싸일 때가 있다. 이 상황들의 공통점은 어느 작업을 반복하고 있을 때라고 말할 수 있겠다. 그럴 때에는 발소리, 연필이 노트를 데굴데굴하고 구르는 소리, 채소를 자르는 '통, 통' 하는 식칼 소리, 마른 세탁물의 옷 스치는 소리, 빗자루가 마루를 쓰는 소리와 같이 작업에 의해 발생하는 작은 소리가 점점 커진다. 이에 나는 '혹시나 벌써 2~3시간 지나버린 것은 아닐까', '방금 오전 9시였지만 벌써 점심일지도 몰라', '이 작업은 몇 분 전에 시작한 것처럼 느껴지지만, 사실은 이미 긴 시간 계속 이어져

온 작업이었을지도 몰라. 심지어 계속 끝나지 않고 영원히 이어질 것 같은 기분이 들어', '이 작업이 끝날 즈음에는 해질녘이 되어 버릴지도 몰라'하고 불안해져, 초조함이 발생하곤 한다.

이처럼 시간 감각을 잃고서 '영원한 지속'과 '끝없음'의 공포심이 생겨났을 때는, 작업을 빨리 끝내고 싶다고 생각을 함에도 몸은 물속에서 움직이는 듯 몹시 무겁다. 또한 몸이 천천히 슬로우 모션으로밖에 움직일 수 없는 듯 느껴지기 때문에 쓸데없이 초조함이 커져 간다. 하지만 작업을 끝내고 시계를 보면 15분 정도밖에 지나지 않아있다. 그리고 남들이 보기에는 내가 담담하게, 또는 척척 작업을 하고 있는 것처럼 비춰지는 듯하고 나의 고뇌감이나 공포심은 표면화되지 않는 것 같다. 작은 동전을 진자로 하여 눈앞에서 반복적으로 흔드는 고전적 최면술처럼, 어쩌면 나의 이 현상도 반복 작업에 의해 꿈 침입이 발생하여 최면 상태에 빠지는 것일지도 모른다.

3. 꿈의 세계

이와 같은 도입부를 거친 다음에 나타나는 것이 꿈의 본격적인 내용을 담은 세계이다. '꿈 침입'에서는 저장되어 있던 방대한 기억들을 재생함으로써 기억 저장고로부터 기억이 방출되고 정리되며 재구성되는 느낌이 든다. 이러한 양상은 크게 4단계, 즉 '플래시백', '1인 반성회', '1인 대화', '이야기'로 나눌 수 있다. 이것들을 정리하면 [그림 14]와 같다. 그러면 이어서 하나하나에 대해 서술해 보겠다.

그림 14 꿈 침입의 전체상

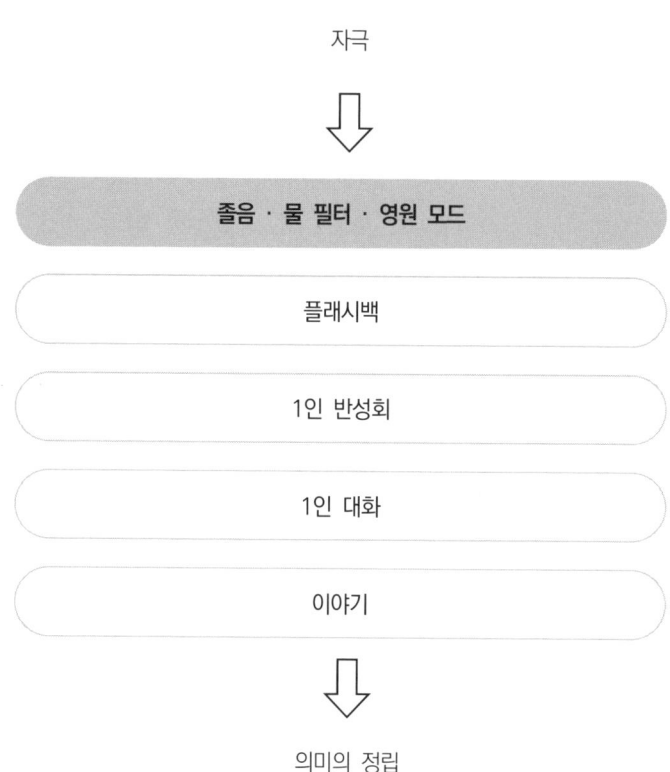

자극

졸음 · 물 필터 · 영원 모드

플래시백

1인 반성회

1인 대화

이야기

의미의 정립

플래시백

꿈 침입의 첫 번째는, 사람이나 사물의 〈자기소개〉를 알기 이전의 〈자극〉 단계에서 쌓인 기억이 선명하고 뚜렷하게 재생되는 단계이다. 여행이나 산책 등으로 새로운 환경을 체험한 날, 여러 사람을 만나거나 어떤 사람과 처음으로 만난 날, 돌연 어떤 사건에 휘말린 날, 이것저것 바빴던 날. 이러한 날들의 도중에 피곤한 나머지 '후우'하고 숨을 내쉰

순간이나 하루를 끝내고 잠에 들려고 할 때, 그 날 입력된 수많은 시각 기억이 스냅샷처럼 차례로 랜덤하게 재생되기 시작한다. 비유하자면 '대량으로 찍어댄 사진이 시간 순서도 항목도 엉망진창으로 종이봉투에 가득 채워졌는데, 종이봉투가 찢어지고 바닥이 뚫려 사진이 뿔뿔이 끝없이 넘쳐흘러 뇌리에 내리 쏟아진다'는 느낌이다.

2장에서도 말한 바와 같이, 나의 경우 청각 정보에 비해 시각 정보에 대해서는 의미가 정립되기 이전의 〈자극〉 단계에서 기억된 것이 많고, 이로 인해 시각 정보가 압축되어있지 않은 선명한 사진 기억으로 떠오르는 경향이 있다. 반드시 트라우마와 연결된 기억은 아니지만, 이와 같이 정보처리를 하지 못하고 포화되어 버린 선명한 기억이 차례로 재생되는 현상을 나는 〈플래시백〉이라 부르고 있다.

여행으로 새로운 곳에 간다고 하는 것과 같이 익숙치 않은 많은 자극들과 접할 때에는 특히 이와 같은 플래시백에 휘말리게 된다. 차 창문에서의 풍경이 펑! 하고 별안간 재현되기도 하고, 도시락을 샀던 매점 할머니의 표정이나 잔돈을 건넬 때의 손놀림, 점심을 먹은 가게의 식탁에 있던 조미료의 배치, 천장에 있던 전등의 형태까지, 시간 축을 넘나들며 영상이 제각기 파바밧 하며 출현하곤 한다.

새로운 길을 걷고 있을 때는 모퉁이를 돌고서나 눈에 띄는 것이 있을 때, 아니면 길가의 어떤 색채에 대해 굳이 의식적으로 셔터를 누르는 일도 있다. 그것은 귓갓길에 미아가 되면 안 된다는 불안으로 인한 것이기도 하고, 혹시 다음에 왔을 때에는 찍어 둔 사진을 끌어내 조합하여 '이미 알고 있으니까 괜찮아'라며 안심하고 싶은 생각에 그러기도 한다. 하지만 경계심으로 사진을 너무 많이 찍어버리곤 하고, 이로 인해 포화된 기억들이 이후 안정화되는 시점에 플래시백이 되어 들이닥쳐 오는 것이다.

또한 사람과 만난 후에 몸 상태가 나빠져 잠들 때에도 플래시백이 일어나곤 한다. 이러한 '사람과 만난 후의 플래시백'은 특히 나를 힘들게 해온 현상 중 하나이다. 하루의 떠들썩함이 끝나고 안정되어 쉬고 있을 즈음이 되면, 차례로 재빠르게 바꾸어 상영되는 슬라이드 쇼와 같이 그 날에 대화한 사람의 표정이 사진 기억으로서 파바밧 하고 차례로 머릿속에 나타난다. 이러한 떠오름의 시간 순서도 제각각이다.[20]

플래시백은 각성되어 있고 싶지 않은데 계속 각성되어지는 고통, 이미 지쳐서 아무것도 보고 싶지 않은데 차례로 보여 아픈 자극을 느낀다는 고통, 마음의 준비가 되어 있지 않은 영상이 랜덤으로 나타나 덜컥 겁이 나고 공포가 이어지는 고통, 마음속에서 상영되는 영상 하나하나에 '이건 오늘 전철을 환승할 때에 본 안내표지판' 하고, 의미를 확인할 수밖에 없는 고통 등을 동반한다. 스스로 컨트롤하지 못하고 계속해서 스냅샷이 뇌리에 쏟아지는 느낌은, 기분 나쁜 구토가 그치지 않는 감각, 혹은 계속 울면서 오열이 끝나지 않는 감각과 닮아 있다.

1인 반성회

두 번째는 〈플래시백〉으로서 나타나는 〈자극〉 단계의 기억 재생에 대해, '저것은 이러한 의미였던 걸까' 하고 인과관계나 맥락을 짐작하고 사람이나 사물로부터 어떠한 〈자기소개〉나 〈어포던스〉가 있는지를 판명해 의미를 알고자 하는 단계이다. 사람과 만난 후 혼자 조용한 환경에 있을 때 자신의 의사와는 관계없이 차례로 떠오르는 사진 기억, 즉 플래시백을 바라보며, 나는 혼자 계속 고민한다.

'그때 그 사람은 웃으며 "그건 그럴지도 모르겠지만" 하고 말했지. 웃고 있었으니까 즐거워 보이기는 했는데, 실은 납득하지 못하는 진의가

---

20) 여기서 말한 〈플래시백〉과 같은지 어떤지는 모르지만, 홉슨에 의하면 많은 사람은 잠이 들 때에 최근 있던 것들을 랜덤하게 생각해내는 경향이 있다고 한다. 떠오르는 것은 '배에 타 있을 때의 흔들리는 감각' 등과 같이 단편적인 것이다. 기억을 해마에 전송할 정보 처리에 대응하고 있다는 설도 있다.

따로 있던 걸까. "~지만"의 다음은 뭐였을까. 무슨 생각으로 말한 걸까.'

'내가 이런 것을 말했을 때, 상대의 눈썹 한 쪽이 올라갔지. 그건 어떤 의미였을까. 내가 뭔가 나쁜 걸 말한 걸까.'

'아, 그런가. 어쩌면 내 의도와는 달리, 내 말을 곡해하고 이렇게 받아들인 건지도 몰라. 그럴 생각은 아니었는데. 이번에 만나면 제대로 해명하고 싶지만, 그때면 상대방은 아마 잊어버렸을지 몰라. 다음에 만났을 때 그런 걸 화제로 하면 이상한 사람이라 생각하겠구나. 아아, 하지만 그럴 생각이 아니었는데. 어쩌지.'

이와 같은 작업을 나는 〈1인 반성회〉라 부르고 있다. 이 1인 반성회가 이어서 서술할 〈1인 대화〉와 다른 점은, '다른 2인의 자신'이나 '또 다른 자신'이 나오지 않고 자기 자신 1인으로 반성회가 진행되는 점이다. 〈1인 반성회〉에서는 누구도 나를 빠른 속도로 부채질하지 않으며, 천천히 하나하나 자신의 페이스대로 머무르며 생각할 수 있다. 하지만 결국 답은 나오지 않기 때문에, 답답함에 몸부림치는 고통에서는 해방되지 않는다. 의미를 하나로 확정하여 답을 내기 위해서는 의문을 가졌던 그 장소에서 바로 확인하여 새로운 추가 정보를 수집할 필요가 있다. 그럼에도 불구하고 재생되는 시점에는 원래의 그 장소로부터 떨어져 있고, 이 확인 작업을 행할 수 없다. 그렇기에 결국 '1인 반성회'에서는 '저것도 아니고 이것도 아니야'하며 여러 가능성이 난립만 하게 되어, 하나의 결론에 다다르지 않는 답답함의 순환에 빠지게 되는 것이다.[21)]

일반적으로 많은 사람들이 이와 같은 작업을 행하고 있는 듯하지만, 이야기를 들어보면 대체로 '하지만, 뭐, 상관없나!'로 끝낼 수 있다는 점이 〈1인 반성회〉와 결정적으로 다르다. 나 자신을 포함하여 자폐권 동료들

---

21) 홉슨이 행한 수면 중의 중도각성실험(中途覚醒実験)에 의하면, 논렘 수면의 깊은 수면 단계에서는 내일의 시험에 대해서 등, 현실 세계에서의 불안이 모티브가 되는 일이 많다고 한다. 하지만 그 시점은 또한 사고의 공회전 상태가 특징적이어서 기억에 남기 힘들기에, 많은 사람은 이 체험을 잊고 있을 가능성이 크다.

의 이야기를 듣고 있으면, '뭐 상관없나'같은 마무리는 있을 수 없다는 것을 알 수 있다. '아아, 어쩌지'하고, 처절하게 고민하며 고통받고, 답이 보이지 않아 해결도 되지 않으며, 경향과 대책도 세우지 못 한 채, 정신 차리고 보면 지쳐서 잠자고 있다. 그러면 다음 날 일어나 불안과 함께 하루를 보내고 또 다음 밤 반성회가 찾아온다. 피로가 쌓이고 고민을 미루며, 우울에 빠져 최종적으로는 '아아, 나는 몹쓸 인간이야'하고 추락한다. 이것이 이 '1인 반성회'의 고통스러운 점이다.

1인 대화

세 번째는 상황을 읽지 못하고 굳어 있기 쉬운 스스로를 대신하여, 상황의 의미를 설명하는 대사가 대화 형식으로, 내 의사와는 관계없이 제멋대로 들어오는 단계이다. 이것을 〈1인 대화〉라 부르기로 하자. 이 1인 대화에는 다음과 같은 두 종류가 있다.

① 자신 이외의 '다른 두 명의 자신'

첫 번째 종류의 경우, 나는 자신 이외의 '다른 두 명의 나 자신'이 대화하고 있는 것을 듣고 있곤 한다.

A: '저기, 그 옷 귀엽지 않아?'

B: '그래? 나는 좀 더 페미닌한게 좋아.'

A: '이 아이(나를 말한다), 사실은 입고 싶은 주제에 안 입는단 말이야? 입어보면 되잖아!'

B: '겁쟁이아니야? 아니면 자의식 과잉인가?'

이는 나를 사이에 두고 천사와 악마가 양 어깨 위에서 옥신각신하는 것과 닮아 있다. '자신 이외의 자신'이라고 느껴지는 존재들이, 위와 같이 본래 내 입에서는 결코 나오지 않는 서로 부채질하는 듯한 빠른 템포의 말투와 젊은 목소리로 내 의식과는 무관하게 이야기를 진행하기 때문이다. 그렇다고는 하지만 그것들은 확실히 나 스스로가 만들어내고 있는 목소리라는 것도 알고 있다. 따라서 '자신 이외 자신'이라는 표현이 성립한다.

② 자신과 '또 다른 자신'

다른 하나의 경우는, 자신과 '또 다른 자신'이 1인 2역으로 머릿속에서 대화하는 상황이다. 이럴 때는 '또 다른 자신'만이 일방적으로 위세 좋게 말하는 경우가 많다. '그렇다는 건 결국 이런 의미 아냐?' '그러면 말이야, 이렇게 하면 된다는 거야! 이제 이걸로 결정!'이라는 긍정적 발언이든, '아아, 그러니까 그렇게 된다고 했잖아' '이게 이렇게 돼서 저렇게 돼 버린다고?' '이쪽으로 해야 된다고 말했는데'라 하는 부정적 발언이든, 앞의 경우와 마찬가지로 말은 차례차례로 겹쳐지고 빨라져 나를 뒤에서 부채질한다. 견디기 힘들게 되어 '아 시끄러워! 스톱!'하고 스스로가 마음속에서 목소리를 차단시키고, 번득하고 정신을 차린다. 이는 초등학생 시절 독감의 고열로 인해 가위에 눌리고 있을 때에도 자주 일어나곤 했던 현상이다.

재차 말하지만, 난 1인 대화 시에 나오는 ①의 '두 명의 자신'이나 ②의 '또 다른 자신'은 결코 다른 누군가에 의한 현실의 목소리가 아닌 것을 알고 있다. 그리고 그것이 스스로가 낳은 자신의 목소리라는 것도 자각하고 있다. 그렇기에 '1인 대화'인 것이다. 다만 나의 의사에 관계없이 '다른 2인의 자신'이나 '또 다른 자신'이 말하고 있다는 감각이 있기에, 이로 인해 '이건 도대체 어떤 현상인 걸까'하고 불안해 했다. 하지만 이것이 깨어 있는 중의 꿈이라고 한다면, 자고 있을 때 꿈속에 등장

하는 사람들이 자동적으로 말하는 것과 같은 일이 생기는 것뿐이라고 납득할 수 있다.22)

이야기

네 번째는, 단편적인 〈자극〉 단계의 기억이 완전히 새로운 스토리로 재정리되어 재생된다. 이는 현실에 있는 맥락 속에서 의미를 덧붙이려 하는 이제까지의 세 가지 유형과 다르며, 기존의 자극들을 완전히 새로운 시간의 흐름으로 재편집하여 기억의 의미를 만들어낸다. 이와 같은 이미지나 스토리, 사고가 제멋대로 상기되는 '상상적·창조적인 시간축에서의 의미 정립'을 여기서는 〈이야기〉라 하겠다.23)

만화가나 소설가들의 말을 들어보면, 작품 속 등장인물이 '이러한 전개로 해 줘'하고 작가에게 요구한다든지, 그들이 제멋대로 대사를 치면 이를 문자로 옮긴다는 경우가 자주 있다. 〈이야기〉는 바로 그것과 같은 것이겠다. 기억의 단편을 부품으로 하여 가상의 스토리가 전개되어 가는 것이다.

다만 나의 경우 〈이야기〉가 매우 선명하기 때문에, 때때로 '어쩌면 진짜 기억이었을지도 몰라'하고 고뇌에 빠지고 불안해 지는 일이 있다. 예를

---

22) 이것은 주로 청각적 측면에 대한 내용이다. 현실의 목소리로서 들려오는 것이 아니라 스스로 만들어 낸 것이라는 인식이 있는 것은, 배외측 전전두피질이 깨어 있기 때문에 가능한 것인지도 모른다. 렘 수면시의 꿈에서는 보통 이 배외측 전전두피질이 잠들어 있기 때문에, 스스로가 만들어낸 이미지를 현실로 존재하는 것이라 느낀다. 하지만 트레이닝에 의해 꿈속에서 있어도 이것은 자신이 만들어낸 꿈이라고 인식하면서, 어느 정도 내용을 조작할 수 있게 되는 경우가 있다. 이것을 '자각몽(lucid dream)'이라고 한다. 자각몽은 렘 수면과 달리 배외측 전전두피질이 깨어 있기 때문에, 해리의 한 종류라고 할 수 있다. 1인 대화에서는 이것이 자신이 만들어낸 이미지라는 인식은 있지만, 내용까지는 조작할 수 없다.

23) 〈이야기〉는 (눈이 뜨여 있고 어느 정도 외부 세계와 연결되어 있는 점을 제외하면,) 자각몽과 매우 가깝다.

들면 '입소시설에서의 지적장애인에 대한 성적 학대' 이야기를 들었을 때, 나는 실제로 시설에 입소한 적도 없는데도 '내가 일찍이 시설에 있었을 때, 남성 스태프가 방으로 들어와 돌봄이라 칭하며 나에게 했던 그 행위도 실은 성적 학대였던 걸까'하고, 그것이 마치 과거의 기억인 듯 선명하고 구체적인 영상이 떠올라 맹렬히 불안해 지기도 한다. 그것은 마침 꿈에서 깬 직후와 같으며, 그것을 진실이라 믿는 일은 없다 할지라도 잠깐 동안 자신이 없어지는 듯한 감각이 든다.

<1인 대화>와 <이야기>의 차이

〈1인 대화〉와 〈이야기〉 둘 모두에서는 자신과는 다른 말투나 행동의 패턴을 가진 캐릭터가 등장한다. 다음의 4장에서 상세히 서술하겠지만, 이 캐릭터는 어딘가의 다른 사람이나 미디어로부터 거둬들여진 것이다. 나는 이 캐릭터가 나의 의사에 상관없이 제멋대로 떠들거나 행동한다고 느낀다.

다만 〈1인 대화〉에서는 어디까지나 현실의 맥락에 기반한 형태로 캐릭터가 등장하고, 대화 내용의 진행을 결정하는 권한도 나에게는 없다. 반면 〈이야기〉의 경우는 현실과 동떨어진 맥락이 창작되고 여러 요소에서 스토리의 전개나 세부 사항을 나 자신이 조작 가능하며, 그 속에서 캐릭터도 나 자신도 행동하게 된다. 그것은 마침 시뮬레이션 게임과 같으며, 중요한 분기점에서만 선택지가 나타나 그것을 하나 선택하면 다음의 분기점까지는 자동적으로 스토리가 진행되어 나가는 것 같은 상태이다.

그렇다고는 해도 〈이야기〉에서의 조작해야만 하는 '요소'라는 것은 자신의 생각대로 이야기를 진행하기 위해 자신에게 있어서의 나쁜 전개를 저지할 수 있는 것 같은 게 아니다. 〈이야기〉는 혼자서 제멋대로 진행되며, 앞뒤가 맞지 않아 현실성이 없어진 시점에서 나는 방향정리를 조금 더하는 느낌이다. 즉, 〈이야기〉 속에 있다고 해서 결코 자신이 100%의 권력을 가진 자유로운 세계가 펼쳐지는 것은 아니다. 하지만 어쩌면 거기에는 현실 세계보다는 스스로 세계를 구축해 나갈 수 있다는 일종의 전능감이 있는지도 모른다.

또한 현실세계에서 내가 느끼는 타자들에 대한 이해의 어려움이나 불확실함과 비교하면, 〈이야기〉의 세계는 뚜렷이 이해 가능하다. 그렇기에 〈이야기〉가 재생되고 있을 때는 (현실 세계에 있을 때보다도) '자신이 확실하게 세계와 관계를 맺고 살고 있다', '자신은 여기에 존재해도 되는 것이다'라는 감각을 강하고 지속적으로 맛보고 있는 것인지도 모른다. 확실히 식물이나 달, 하늘과 대화를 하고 있을 때의 나는, 어떤 때보다도 '나'답다.

꿈과 〈이야기〉의 차이

덧붙여서, 〈이야기〉는 깨어 있을 때에 보는 것이기 때문에 성가신 것이지, 〈이야기〉를 자고 있을 때에 본다면 이는 '꿈'이라 할 수 있다. 〈이야기〉와 마찬가지로 나의 꿈은 주로 과거 기억의 조각과 장래에 대한 불안이나 예상이 자기 좋을대로 이야기를 만들어내는 것이다. 그것은 정말 구성이 단순하고, '아아, 저거랑 이거랑 저게 섞였구나'하고 바로 분석 가능한 성질의 것이다. '내일은 애들 유치원 운동회다'라는 긴장과, 자기 전에 본 '훌라 댄스 영화'가 섞여서 '우리 애가 운동회의 상연 목록으로 훌라 댄스를 정말 훌륭히 추고 있어서 놀라는 꿈을 꾼다'와 같은 상황이다.

꿈을 구성하는 것은 최근 생각하고 있던 것이나 근심, 전 날에 본 것에 대한 미세한 기억들이다. 그것들이 무작위로 선택되면서 기막히게 잘 합쳐지고 용케도 섞여서 하나의 꿈으로서 정립되고 세계를 만들어 낸다. 예를 들면 '외국인 교수의 연구실에서 의료용 장갑을 낀 친구가 그 교수로부터 "이걸 잘 부탁해"하고 "간주관성"이라 쓰여 있는 책을 건네받았다'는 꿈을 꾸었다고 하자. 눈을 뜰 때에는, '오늘 꿈은 "어제 처음 갔던 연구실 벽 한 면의 책장", "연구실을 나간 복도에 붙어 있던 포스터의 외국인 학자 사진", "학교 하굣길에 만난 친구", "하교 후에 갔던 병원에서 간호사가 들고 있던 고무장갑", "다음에 내가 읽으려고 생각하던 책 제목"으로 이루어져 있었다'는 식으로 꿈의 소재가 된 미세한 기억들을 생각해낼 수 있다. 그러고 보면 수면 중의 꿈은 '플래시백 + 〈이야기〉'로 이루어져 있다고도 할 수 있을 것이다.

4. 꿈 이후

그러면 '꿈 침입'이 일어난 후의 전말은 어떠한 것일까. (자폐권에 속하는 사람인지에 관계없이) 앞서의 꿈 침입과 잘 관계맺고 있는 사람 중에는, 소설·그림·작곡·연기 등의 분야에서 창작 활동을 하는 것으로 꿈 세계를 현실의 세계로 전환시키고 있는 경우가 있는 것은 아닐까 한다. 하지만 나의 경우는 불안의 요소가 강하기에 초조함만이 앞서고, 창작이 가능한 정신 상태가 되도록 컨트롤하는 데까지 많은 고생이 필요하다.

도시순환 고속도로

내가 1인 반성회에서 빠져나올 수 없게 되거나, 플래시백이나 1인 대화에 의해 하루의 해야 할 일을 완수할 수 없는 자신에 대해 의식이 향해있을 때에는 '나는 안 될 인간이다', '가치가 없다'는 사고회로가 시작된다. 여기에 다다르면 이후로는 끊임없이 그 회로가 멈추지 않으며,

출구 없이 빙글빙글 계속 도는 상태가 된다. 이 끝없는 빙글빙글 돌려지는 회로를 〈도시순환 고속도로〉24)라 부르고 있다.

꿈 침입이 닥쳐오면 '꿈인지 현실인지 모를 세계에 사로잡혀, 휘둘리고 빠져나오지 못한 상태로 있는 자신'이 한심하고 슬퍼져서, 매번 정해진 마지막은 이 〈도시순환 고속도로〉에 돌입하게 된다. 여기에 들어간 후로는 브레이크가 고장 난 차에 타고 있는 듯 하기 때문에 결코 자력으로 멈추는 것은 불가능하다. 괴로움과 고통 끝에 지쳐서 잠들기까지 이 슬픔을 끝내는 것은 불가능한 것이다.

◆

10월의 높고 푸른 가을 날. 오전 중에는 '나의 나쁜 몸 상태는 나아버린 건지도 몰라'라는 생각이 들 정도로 불안에 덮쳐지는 일 없이 집안 일을 제대로 소화하고 정말 좋은 상태로 지냈다. 그러나 오후가 되어 아이들 유치원 마중을 위해 밖을 걷기 시작하자 〈쓸쓸함〉이 확 하고 내게 들어와 버렸다. 이는 가을의 오후 햇빛에 물든 오렌지색을 휘감은 세계를 본 탓인지도 모른다. 혹은 걷는다는 반복된 움직임에 의해 〈영원 모드〉에 들어가, 넋이 나가 있던 탓일지도 모른다.

이 가슴을 죄는 강렬한 〈쓸쓸함〉은 하루 전체를 엉망으로 만든다. 이 전까지의 푸근했던 만족감은 사라지고, 가슴은 초조함과 불안으로 계속 술렁여 구토와 현기증을 동반한다. 진흙같이 무거운 몸을 끌고 집에 돌아가는 신세가 되어, 집에 도착함과 동시에 소파에 쓰러진다. 의식은 멀어져 느릿느릿 사고하고 정말 졸립게 된다. 그리고 '이런 몸이면 아무것

---

24) [옮긴이 주] 원문은 '슈토코(首都高)'로, 도쿄에 설치된 '수도권 도시 고속도로'를 뜻한다. 번역에서는 원래 의미를 살리되 가독성을 위해 '도시순환 고속도로'로 번역하였다.

　발달장애 당사자연구 자폐인이 몸, 그리고 세계와 관계맺는 방식

도 해낼 수 없어. 사소한 목표조차 나는 이제 아무것도 노릴 수 없는 걸까? 이제 싫어. 아무것도 되지 않아. 쓸모없는 인생이야. 나는 안 될 인간이야'라며 그 굴레에서 빠져나올 수 없는 〈도시순환 고속도로〉에 돌입한다.

해가 저물고 완전히 밤이 찾아오면 이 증상이 안정되는 것은 이미 알고 있다. 그럼 기다리면 되는 건가. 밤이 되면 진정되니까 거기까지 참고 견디면 좋을 뿐인 걸까. 그렇게 딱 떨어진다면 고생하는 일은 없을 것이다.

거의 매일 오후 2시 즈음부터 7시 무렵까지의 가장 바쁜 5시간 전후를 잠에 빠져 허무하게 지내거나, 심신의 쓰라림을 필사적으로 견디며 가사나 육아를 소화하는 것과 같은 고뇌와 절망은, 조금 참는다고 극복할 수 있을 만한 것이 아니다. 이 온전치 않다는 느낌과 자존감 저하가 겹겹이 쌓여가는 나날들이 초래하는 어둠은, 지극히 깊다.

4장

흔들리는 타자상, 풀어지는 자기상

: 성가신 '침입'

| 4장 |

흔들리는 타자상, 풀어지는 자기상: 성가신 '침입'

아이들이 어느 샌가 TV 방송에 나온 연예인들을 따라하고 있다. 듣고 있는 나는 조금도 재밌지 않은데, 아이들은 정말 즐거운 듯 따라하고 우쭐대고 있다. 물론 연예인 소재가 유행하는 것은 아이들 사이뿐만이 아니다. 내 동년배의 사람들도 유명인 흉내를 내기도 하고, 무엇보다 미디어에서 유행어에 상을 주기도 하며 '유행'이라는 현상에 명예를 부여하고 있다. 하지만 여기서 나에게는 의문이 생긴다. 도대체 많은 사람들은 어떻게 경계심도 없이 '유행'에 탑승하는 것이 가능한 걸까. 왜 저렇게나 싱거울 정도로 쉽게 타인의 흉내를 내고 그것을 즐기는 것까지도 가능한 걸까. '흉내를 내면 내가 그 사람 자신이 되어버리는 것 아닌가'라는 불안은 솟지 않는 것일까.

내가 '그 사람'이 되어버리면 곤란하기 때문에, 내게는 가능한 한 타인의 정보에서 나를 차단하고 싶다는 느낌이 있다. 사람을 만나거나 TV나 영화를 보거나 하면, 그 사람의 표정이나 동작이 점점 사진 기억으로서 쌓여, 나의 행동을 탈취하려하기 때문이다.

그러나 다른 한편으로는 사람과 이어지는 것을 동경하곤 하기에, 가끔 무모하게도 '괜찮아!'하고 지인들을 만나러(혹은 '집단을 보러'가 정확할지 모른다) 가곤 한다. 그리고 집에 돌아온 후 또 다시, 만난 사람들의 표정이나 동작의 기억에 짓눌려버릴 듯 되어 '이렇게 되어버리다니, 도대체 나는 뭘까…' 하고 고민하며 잠들고, 가위 눌리는 1주일간을 지내게 된다.

이제까지 나 자신과 신체와의 관계(1장), 사물의 세계와의 관계(2장), 기억과 꿈(3장)에 대해 서술하며 그 안에서 자폐의 특징을 다음과 같이 말했다.

> **신체 내외로부터의 정보를 간추리고 의미나 행동으로 정립하는 것이 천천히 이루어지는 상태.**
>
> **또한, 한 차례 완성된 의미나 행동의 정립 패턴이 간단히 풀리기 쉬운 상태.**

하지만, 이전 장들에서는 아직 '타인'이 본격적으로는 등장하지 않았다. 사람은 태어나고서 '타인'의 패턴을 자기 자신에게 입력하며 후천적으로 자기 자신의 패턴을 정립한다. 자폐라 할지라도 패턴의 정립을 논하려면 타인의 존재가 불가결하다. 본 장과 다음 장에서는 '타인으로부터 패턴을 입력하는' 현상에 대해 이야기하고자 한다. 나의 경험상 이 현상은 자아와 상성이 좋은 '타인의 패턴'이 나 자신도 소화해낼 수 있는 것으로서 입력되는 〈수확〉과, 타인의 의도가 자아를 침식해 온다고 느끼는 〈침입〉으로 나눌 수 있다. 그리고 나의 경우는 수확이 좀처럼 일어나지 않기 일쑤이고, 침입이 용이하게 일어난다는 특징이 있다. 그리고 타인의 패턴에 접촉했을 때 자신과는 관계없는 것으로 잠재화시키는 〈배제〉 또한 일어나기 힘들다.

본 장에서는 우선 나에게 있어 '침입의 일어나기 쉬움'에 대해 이야기하고자 한다.25) 1장과 2장에서 보아 온 바와 같이, '간추림과 정립'의 결과 생기는 패턴에는 〈의미의 정립 패턴〉(자기소개+어포던스, [그림 13] 참조)과, 〈행동의 정립 패턴〉([그림 9] 참조) 두 가지가 있다. 그렇기에 타인으로부터 패턴이 침입할 때에도 마찬가지로 〈의미 정립 패턴의 침입〉과 〈행동 정립 패턴의 침입〉 두 종류가 있다고 할 수 있겠다. 여기서는 이해를 돕기 위해 우선은 〈행동 정립 패턴의 침입〉에 대해 논하고, 다음으로 〈의미 정립 패턴의 침입〉으로 시점을 옮겨 가고자 한다.

1. 동작의 침입: 〈행동의 정립 패턴의 침입〉 첫 번째 유형

의지와 무관하게 파고들어온다

나에게는 타인의 표정이나 동작, 말투의 버릇 등이 침입하기 쉽다. 아무렇지 않은 대화에서도, 진지한 협의여도, 화자에게 집중하여 이야기를 15분이나 듣고 있으면 그 사람의 얼굴 근육의 움직임이나 손의 움직임 등에 대해 '얼레?!'하는 가벼운 충격이 온다. 자각이 없긴 하지만 그 때부터 자동으로 카메라의 연속 셔터를 누른 듯 기록이 개시된다. 자신이 지금까지 사용해 본 적 없는 근육을 움직이고, 아까처럼 기억된 표정이나 동작을 만들기 시작하는 것을 자각한다. 이것이 〈침입〉이다.

그것은 아직 감정이 부족한 갓난아기가 혀를 내밀거나 웃거나 하는 성인이 만드는 표정을 반사적으로 흉내 내려 하거나, 유아가 주변의 아이들이나 부모들로부터 무의식적으로 말투나 움직임을 흉내 내는 감각의

---

25) 일반적인 사람들은 그 사람이 취하지 않는 〈의미의 정립 패턴〉이나 〈행동의 정립 패턴〉을 접한 경우, 완전하게 배제할지 곧이 곧대로 받아들여 공유할지의 어느 쪽인가로 깨끗하게 나눌 수 있는 것으로 보인다. 그래서 일반적인 경우에는 '침입'으로 고통 받는 일이 적은 것은 아닐까.

연장선상에 있는 것인지도 모른다. 즉 나의 경우, 침입도, 흉내와 같은 표출도, 내면의 '흉내 내고 싶다'라는 의지에 의해 일어나는 것이 아니라 반사적으로 생기고 있다.

〈침입〉은 텔레비전 드라마나 영화, 무대 연극을 봐도 생긴다. 연기자의 표정짓는 방식이나 몸의 움직임이 선명한 사진 기억으로 무의식 중에 새겨져, 이후에 표출할 기회가 있으면 재현시켜 사용하기 시작한다. 이것도 '이 여자 배우에게 동경을 느끼고 있기 때문에 흉내 내고 싶다' 하고 의식한 것이 아니라, 좋든 싫든 간에 상관없이 침입해버린 것이 겉으로 나온다는 감각이 있다. 게다가 자신의 의지와 상관없이 이를 표출해 버렸을 때에는 그것을 자각할 수는 있기 때문에 혼란스러워지고 기분이 나빠진다. 이제까지 나 자신이 패턴화시켜 사용해 온 '자연스런' 자기 자신의 표출이 어떤 것이었는지를 모르게 되고, '아아, 더는 표정 못 만들어', '이제 말 할 수 없어', '이젠 글도 쓸 수 없어'하고 행동하지 못한 채 얼어붙는 것이다.

'나의 동작'이 무너져 버린다

여기에서 말해 두고 싶은 것은, 〈침입〉이란 타인의 패턴이 그대로 나 자신의 ('이 장면에서는 이 동작을 사용한다'와 같은) 패턴이 되는 것은 아니라는 것이다. (그러면 '타인의 패턴'='나 자신의 패턴'이 되어 버리게 된다.) 이와는 달리, 침입은 어디까지나 '패턴의 선택 리스트'에 추가되는 것이며, 매회 같은 장면 하에서 내가 항상 그 동작을 고르게 된다는 의미는 아니다. 타인의 패턴이 아무리 귀엽게 느껴지고 내 취향에 일치하는, '쾌(快)'의 감각을 동반하는 누군가의 표정이라 할지라도, 나에게 있어서는 위화감이 있는 선택지가 이물(異物)로서 선택 리스트에 추가적으로 입력된 것에 지나지 않는다.

더욱이 그 새로운 선택지는 단순히 나의 선택지 항목을 늘릴 뿐 아니라

발달장애 당사자연구 자폐인이 몸. 그리고 세계와 관계맺는 방식

긴 시간 축적에 따라 겨우 패턴화시킨 '어느 장면에 있어서의 내 동작 패턴'을 손쉽게 부셔버리기 때문에, 나는 늘어난 선택지 안에서 새롭게 손을 더듬어 하나의 동작을 고르는 신세가 된다. 〈행동의 정립 패턴〉이 부서져 버린 이 상태야말로 '어떻게 표현할지 모르겠다'는, 앞서 서술한 '행동의 얼어붙어버림'을 일으키는 상태라 할 수 있다.

그건 그 여배우 흉내?

이처럼 새로운 선택지는 나의 부담을 늘리는 불편한 것이지만, 더욱 좋지 않은 점은 새로운 선택지는 선명한 기억이기에 선택지의 최우선 순위에 놓인다는 점이다. 그 때문에 앞서 서술한 바와 같이 자신의 의지와 상관없이 오작동을 일으키도록 '무심코' 표출되어 버리거나 표출해 버릴 듯이 된다. 타인에게 빼앗겨 스스로가 침식되는 듯한 감각이 생기는 것이다.

가끔 침입에 져서 마음에 든 여자 배우의 표정을 표출해 버리는 일이 있다. 일견 마음에 들었기 때문에 보다 선명하고 강렬하게 새겨진 사진 기억. 그리고 그 과정에서 '여느 때와 같은 표정 선택지'의 최우선에 군림해버린 새로운 〈행동의 정립 패턴〉을 '무심코' 선택해버린 것이다. 그럴 때는 표정을 지은 직후에 '우와, 그 여자 배우 표정 따라한 걸 들켰으려나', '나잇값도 못하고 흉내 내고 있다고 생각하려나', '어울리지 않게 귀여운 척하고 있다고 보여졌을지 몰라', '일부러 했다고 생각할지도'하고 불안해하게 된다. (즉, 앞서 살펴본 〈1인 반성회〉가 시작된다. 이후로는 '이렇게 경솔하게 여배우에게 영향받아 자신의 표정 하나 모르게 되는 나는 안 될 인간이다'라는 〈도시순환 고속도로〉에 돌입한다.)

어떤 때에 '최우선 선택지'가 표출되는 걸까

최근은 뇌성마비를 지닌 친구(7장 참조)와 함께 있을 기회가 많기 때문에, 정신이 들고 나면 친구의 동작에 침입당해 스스로 표출하고 있는 내가 있다. 예를 들면 손가락으로 뭔가로 가리킬 때에 원래는 검지로 정면을 가리켰음에도, [뇌성마비를 지닌 친구처럼] 손목을 구부린 채 새끼손가락만으로 가리키는 나를 발견한다. 혹은 작은 것을 집을 때 평상시라면 왼손 검지와 엄지를 사용하는데, [그 친구처럼] 손목을 구부린 채 장기를 둘 때와 같이 검지와 중지로 집고 있거나 하는 것이다. 그때마다 그 친구는 이를 눈치 빠르게 발견하고 웃으면서 '애라면 그러려니 하겠는데, 성인이면서 뇌성마비를 따라하는 사람은 드물어'라든지, '뇌성마비를 연기하는 연기자는 연습하고 훈련해서 훌륭히 당사자들의 움직임을 따라하지만, 그건 어디까지나 연기자가 일로 행하고 있는 것에 지나지 않아. 일상생활에서 똑같이 따라하다니 재밌네'라며 놀란다.

나의 내면에서는 뇌리에 새겨진 사진 기억이 선택지의 가장 앞 열에서 '이 선택지가 최우선 추천입니다!'하고 말하는 듯이 강렬히 어필하고 있다. 천천히 신중히 선택할 때는 '이 움직임은 쓰지 않겠습니다'하고 최우선 선택지를 기각할 수 있지만, 푹 쉬며 긴장감이 없을 때나, 반대로 재촉받아 너무 긴장했을 때에는 '그만 무심코' 무의식중에 최우선 선택지를 골라버린다. 그리고 이를 지적받고서야 나 자신의 행위를 눈치 채게 되어 쓴 웃음을 짓게 되는 것이다.

그리고 보면 들을 수 없는 사람과 관계 맺는 들을 수 있는 사람 중에서도 수어나 구화(口話)가 능숙한 사람은 많이 있지만, 들을 수 없는 사람의 발성까지도 입력하여 평상시의 자기 목소리로 표출하는 사람은 아직 만난 적이 없다. 이것도 나만의 '침입'인 걸까. (이에 대해서는 5장에서 검증할 것이다.)

발달장애 당사자연구 자페인이 몸, 그리고 세계와 관계맺는 방식

2. 캐릭터의 침입: 〈행동의 정립 패턴의 침입〉 두 번째 유형

더욱 고차원의 '전체상'이 파고들어온다

지금까지 서술해 온 것은 '타인의 행위'를 〈행동의 정립 패턴〉의 **일부분**으로 받아들이는 것에 대한 논의였다. 그 연장선의 현상으로, 나는 어떤 맥락에 있어서의 타인의 〈행동의 정립 패턴〉의 **전체상**이라 할 수 있는 것까지도 받아들이고 있다. 동작은 '손발만', 표정은 '얼굴만', 말투는 '입만'의 표출이다. 즉 이것들을 몸 각 부위의 말단에 있는 최종의 표출이라고 한다면, 여기서 말하는 '전체상'이란 말단 전체의 움직임을 보다 고차원의 차원에서 지배하고 있는 존재이다. '캐릭터(キャラクター)'라고 하면 알기 쉬울지도 모른다. 캐릭터는 의도나 의지, 눈빛 등을 갖는 존재로, 동작이나 표정, 말투 등을 하나로 정리하고 있는, 상위의 큰 틀에서의 〈행동의 정립 패턴〉이라고 말할 수 있다. 그 때문에 타자의 행위나 말투를 종합적으로 자세히 보는 것으로 인해 캐릭터가 침입해버리는 일이 발생할 수 있을 것이라고 나는 생각하고 있다.

그런 캐릭터였던 걸까?

당연하게도 대부분의 타인은 어떤 대화의 흐름 속에서 나오는 다른 타이밍이나 뉘앙스로, 그 맥락에서 나라면 고르지 않을 행위나 말을 고른다. 예를 들면 술자리에서 실수한 이야기에 꽃을 피우고 있는 학생들 속에는, "결국 하룻밤 경찰 신세 지고 왔어"라고 말하면서 턱을 위로 내밀고 담배에 불을 붙이며 득의양양한 표정을 짓는 사람도, 재밌다는 듯 커다란 입을 열고 눈웃음을 지으며 "대박이다"하고 높은 목소리로 말하는 다른 사람도 있다. 그와 같이 대화를 나누는 사람들의 모습을 바라보고 있는 사이, 제각각의 캐릭터 정보가 무의식중에 대량으로 내 안에

축적된다.

　그리고 집에 돌아와 혼자 조용해졌을 때에 그 비디오 재생이 시작된다. 플래시백인 것이다. 무작위로 비춰대는 플래시백 영상을 보며 '득의양양했던 그 사람'의 모습이 나왔을 때는, '자신이 실수한 이야기여도 무용담처럼 득의양양하게 이야기하는' 캐릭터 정보가 나의 캐릭터 표출용 선택지에 입력된다. 다음으로 '"대박이다"라고 말하는 그 사람'의 모습이 나오면, '사람의 실수한 이야기를 들었을 때는 재밌다는 듯 웃고 "대박이다"하고 말한다'라는 캐릭터 정보가 입력된다.

　원래의 나라면 '술자리에서 실수한'의 항목에서는 '왜 실수할 정도로 많이 마시는 건가요', '술로 인한 실수는 재밌고 유쾌하게 말할 수 있는 건가요'라고 의문을 가지며 조용히 진지하게 이야기를 계속 듣고 있는 캐릭터일 터이다. 그러나 타인에 의한 새로운 캐릭터 정보가 나의 리스트 맨 위에 나타나는 것에 의해 지금까지 스스로의 행동 표출방법이던 '자아상'이 무너지고, 나의 원래의 캐릭터가 어떻게 있었는지를 모르게 되는 것이다.

　그들의 모습은 뇌에 각인되어 상당 기간 몇 번이고 비디오처럼 재생되고, 나의 캐릭터를 침식하기 시작한다. 그 때문에 '나는 득의양양하게 술자리에서 실수한 이야기를 말하는 캐릭터였던 걸까?', '웃으며 "대박이다"하고 쉽게 말하는 캐릭터였던 건가'하고 혼란이 생겨 간다.

곤돌라가 밀어닥친다!

　거듭 말하지만, 〈침입〉이란 '타인의 의지가 자아를 침식해 온다고 느끼는' 현상이며, 동작의 침식에서 말한 바와 같이 여기서도 '자신의 캐릭터'가 '타인의 캐릭터' 그 자체가 되어버리는 것은 아니다. 원래 자신의 캐릭터가 사라지는 것이 아니기에, 침입해 온 타인의 캐릭터를 이물로서 계속 느끼는 고통이 따른다. 타인의 캐릭터가 크게 부풀어 엄습해오는 것을 느끼고, 나의 캐릭터가 뭉개져서 빼앗겨버릴 것처럼 된다. 그 속에서 '나 자신'은 사라지지 않고 존재하기 위해 작아져서 껍질을 두껍게 하고, 필사적으로 헐떡이며 저항한다. 그 이물감에 고민하며 배출해내려고 갈등하는 고통은 식중독에 걸려 고통받는 감각과 닮아 있다.

작아지더라도 사라지지 않고 존재하고자 하며, 타인의 캐릭터를 이물로서 느껴 배제하려 하고 있는 '자신'. 이러한 '자신'이란, 캐릭터보다도 더욱 고차원의, 각자의 사람이 갖는 몇 개의 캐릭터를 통치하는 '사령탑'이라 할 법한 존재인 것은 아닐까 한다. '사령탑'이란 맥락에 의존하는 캐릭터와는 다르며, 맥락에 상관없이 일관되게 자아의 최상위에 자리하면서 나의 행위나 캐릭터가 신념에서 어긋나 있는지 여부를 수호하고 있는 존재라고 할 수 있을지도 모른다.

이러한 캐릭터의 침입을, 나는 관람차에 빗대어 '곤돌라가 밀어닥친다'고 표현하기도 한다. 중심부의 나(자아)를 둘러싸고, 주변의 여러 사람들의 캐릭터가 곤돌라로서 존재하고 있다. 양자가 적정한 거리를 유지하고 있을 때는 나를 위협하지 않지만, 집단 속에서 사람을 바라보며 관찰하게 된 경우나 누군가와 대화를 한 경우는 제각각의 곤돌라들이 풍선처럼 부풀어 커져서는 중심부에 있는 나에게 덮쳐온다. 고통스런 나머지, 사람과 만난 후엔 누워서만 지내는 생활이 4-5일 이어진다. 그러면 점점 자아의 크기가 회복되고 곤돌라도 원래 크기로 작아지기 시작하여 곤돌라를 원상태로 되돌릴 수 있다. 이러한 작업에 시달리며 나는 매번 비실비실해진다.

관찰 대상이 된 상대가 1명이면 1명분의 곤돌라(캐릭터 정보)가, 6명이면 6명분의 곤돌라가 뒤섞여 쫓아온다. 그것은 마치 사람들이 내 주변을 둘러싸고 언제까지고 떠들어대, '당신은 이렇게 해서 사람과 이야기하는 거였죠!'하고 자기주장을 하는 듯한 느낌이며, 이로 인해 혼란스럽고 공황과 같은 고통이 계속 이어진다. 그 때문에 누구와도 접촉하지 않고 조용한 곳에 박혀서 쉬고 싶어진다.

3. 〈행동의 정립 패턴〉과 〈의미의 정립 패턴〉의 관계

'연주하는 나'와 '연주되는 피아노'

타인의 행위나 캐릭터란 타인이 '이 맥락에서는 이렇게 행동한다'고 고른 〈행동의 정립 패턴〉이며, 나는 선명한 기억 때문에 그와 같은 타인의 행동 정립 패턴에 침입되기 쉬워, 스스로의 〈행동의 정립 패턴〉이 뿔뿔이 무너지기 쉽다는 것을 지금까지 살펴보았다. 다음으로는 이 〈타인〉과 〈자신〉의 이항관계에 〈대상물〉을 추가해, 삼항관계로 하여 생각해보고자 한다.

예를 들면 '어떤 사람이 피아노를 연주하고 있는 모습'을 〈자신〉이 봤다고 하자. 그 사람은 〈타인〉이며, '연주되고 있는 피아노'는 연주한다고 하는 행위의 〈대상물〉이다. 앞선 이야기였다면 〈자신〉은 〈타인〉에 대해서만 주목하여 '피아노를 연주한다'는 행위가 〈행동의 정립 패턴〉으로서 침입해 오는 설명을 해 왔다. 황홀한 표정으로 '곡의 물결에 흔들리면서' '10개의 손가락을 부드럽게 움직여' 때로는 '페달을 밟는다'. 이와 같은 행위가 그 사람의 동작 레벨의 〈행동의 정립 패턴〉이다.

하지만 여기서 〈자신〉의 시점을 행위의 〈대상물〉인 피아노로 이동해보자. 피아노는 의자에 앉은 사람에 의해 '검고 흰 수많은 건반이 가볍게 손가락으로 쳐져서 소리를 내는 물건'이며, 때로는 '페달이 밟히는 물건'이다. 그 다음으로 피아노에 찾아온 〈타인〉이 아주 어린 아이라면, '손바닥으로 쾅쾅 3개 4개의 건반이 맘껏 두들겨지는 물건' 혹은 '건반 위를 딴딴하는 소리를 내며 걸어가는 물건(?!)'도 된다.

이러한 정보를 입력하는 것은 내 안에서 피아노의 〈의미의 정립 패턴〉이 입력되고 있다는 것이 된다. 그리고 이어서 피아노를 봤을 때에는 (2장에서 서술한 바와 같이) 피아노는 '음을 내는 물건' '페달을 밟는 물건' '손가락으로 치는 물건' '손바닥으로 두들겨지는 물건' '아이가 그 위로 걸어가는 물건'이라는 자기소개를 한다. 그리고 다음으로 '두들겨 볼래?' '소리를 내 볼래?' '페달을 밟아 볼래?' '그 위로 걸어 볼래?'라는 어포던스가 작동되는 것이다.

이처럼 실제로 일어나고 있는 것은 '어떤 사람이 피아노를 연주하고 있다'라는 하나의 현상이지만, 그 모습을 보는 것에 의해 〈자신〉은 〈행동의 정립 패턴〉과 〈의미의 정립 패턴〉 두 가지를 입력하고 있는 것이다(그림 15).[26]

---

[26] 발달심리학에서는 유아가 세계를 의미 있는 대상물로 구분짓는 방법을 배울 때에 이것과 꼭 닮은 삼항관계가 중요시된다(공동주의(joint-attention)나 상호주관성(intersubjectivity)이라고도 불린다). 행위자와 대상물, 유아라는 세 주체가 모여 새로운 개념이 받아들여진다. 유아는 대상물과, 그 대상물에 대해 양육자가 사용하는 단어(단어도 '이름붙이기'라는 의미에서는 행위의 하나이다)의 쌍방을 받아들이고 비로소 새로운 단어 및 그것의 지시대상의 양자를 배운다고 한다.

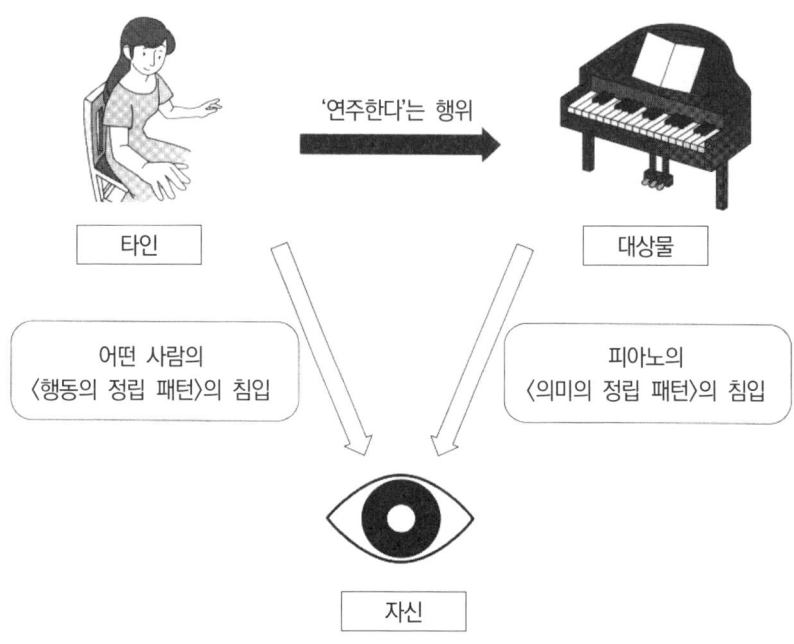

그림 15 '어떤 사람이 피아노를 연주하고 있는 모습'에 있어서의 삼항관계

타인

'연주한다'는 행위

대상물

어떤 사람의
〈행동의 정립 패턴〉의 침입

피아노의
〈의미의 정립 패턴〉의 침입

자신

하지만, 행위의 〈대상물〉은 피아노 등의 사물만이 아니다. 사람이 행위의 대상물이 되는 일도 있다. 그리고 나에게는 사람을 대상물로 한 〈행동의 정립 패턴〉이나 〈의미의 정립 패턴〉도 차례차례로 침입해 오기 때문에, 자신의 행동 표출방법이 어떠했는가라는 '**자아**상'의 혼란, 자기 자신이 어떻게 보여지고 있는가 라는 '**자기**상'의 혼란이 생기기 쉽고, 더욱이 근처의 친구나 가족이 어떠한 사람이었는지와 같은 '타자상'의 혼란도 생기기 쉽다. 이것에 대해 이어서 서술하겠다.

4. 타자상의 요동: 〈의미의 정립 패턴의 침입〉 첫 번째 유형

'차별적인 눈빛'이 침입한다

휠체어를 사용하는 친구가 자취방을 이사할 때, 새로운 매물찾기를 도와서 같이 부동산을 둘러보았을 적의 이야기다. '향후 원상복구를 전제로 휠체어 생활에 적합한 수리를 허가해 주길 바란다'는 조건을 내걸고 우리들은 물건을 찾으러 갔다. 처음 부동산이 매물을 소개해 주는 단계에서는 그와 같은 조건이 있어도 의외로 딱히 문제가 없는 듯 이야기가 진행된다. 하지만 실제로 매물을 둘러보고 조건이 괜찮은 곳이 발견되어 마침내 집주인에게 이야기를 하면, 그 후 연락이 끊겨 버리곤 했다. 방문해 보아도 뭔가 확실한 이유를 찾지 못했고, 애매한 답변만이 돌아왔다. 초조해하는 표정, 재촉하는 표정, 묘하게 친절한 느낌, 서먹서먹한 느낌…. 의미나 맥락을 모르겠는 부동산 측의 표정이나 행동이 물음표 표시('?')가 붙은 사진이 되어 찰칵찰칵하고 찍혀 쌓여져 간다. 앞서 이야기한 것처럼, 그 시점에서는 맥락을 모르기 때문에 나 자신의 〈행동의 정립 패턴〉의 선택지에 부동산에서의 모습들이 들어오는 일은 없다. 부동산에서 마주한 표정이나 모습들은 분석할 수 없는 선명한 사진 기억인 채 계속 뇌리에 머물러 있다.

그리고 최종적으로 '어떤 수리가 진행되는 것인지 지금 당장은 모르니까 좀 곤란합니다', '장애가 있는 사람이면 무슨 일 생길지도 몰라 곤란합니다' 등의 이유로 거절당했을 때, 혹은 집주인의 우유부단한 태도에 지쳐 친구가 거절했을 때, 한 숨 돌렸다는 듯한 부동산 중개인의 표정을 보면 '부동산 중개인은 그런 차별적인 시선으로 휠체어를 사용하는 친구를 보고 있던 건가'하고 맥락을 알 수 있다. 맥락을 알고서야 비로소 부동산의 〈행동의 정립 패턴〉의 침입이 완료되는 것이다. 그 직후에 '그런 차별적인 눈빛으로 보고 있던 건가'하는 충격이 덮쳐온다. 내가 견지하고 있던 휠체어 이용 친구의 〈자기소개〉는 '나의 장애 체험을 섬세하게 이해해주는 은인'이었는데, 거기에 돌연 '차별적 눈빛으로 바라봐지는 사람'이라는 〈자기소개〉가 친구에게 추가되었기 때문이다.

그리고 다음 순간, 나에게는 곁에 있는 그 친구가 무엇인지가 문득 알수 없게 되어버린다. 차별적 눈빛에 닿은 후, '뭐 그런 눈빛도 있는 거겠지'하고 상대화 하는 것도 아니고, 반대로 '아아 역시 이 사람은 장애인이구나'하고 자신의 눈빛으로서 '공유'하는 것도 아닌, 친구에게 대하는 나자신의 눈빛을 혼란시키는 이물질로서 타인의 눈빛이 계속 머물게 된다.

이와 같이 〈의미의 정립 패턴〉의 침입은 타인의 〈행동의 정립 패턴〉이 침입한 후, 그 타자(여기에서는 부동산 중개인)가 대상물(여기에서는 휠체어를 탄 친구)을 향해 갖고 있는 눈빛을 짐작하는 것에 따라 생긴다는 것이다(그림 16).

그림 16 '부동산 중개인이 휠체어 사용자에게 의아한 표정을 쏘는 모습'에 있어서의 삼항관계

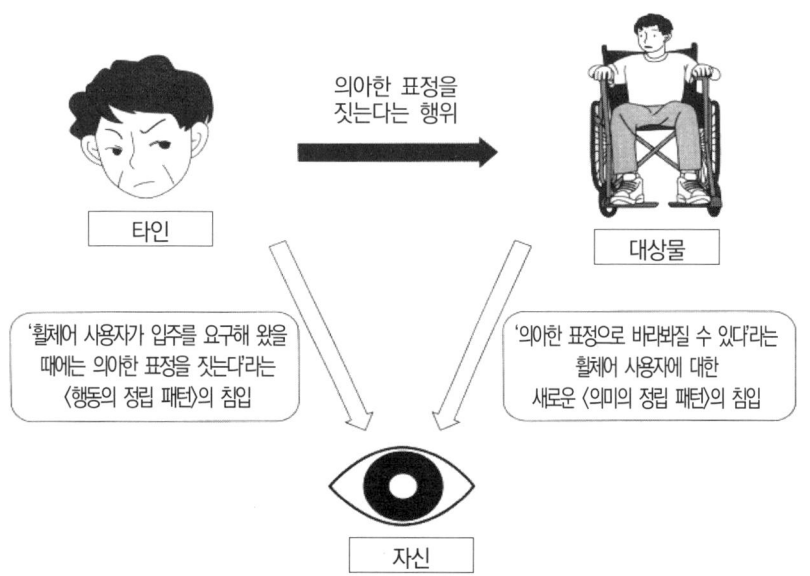

발달장애 당사자연구 자폐인이 몸. 그리고 세계와 관계맺는 방식

친구가 더럽혀지고, 자신이 더럽혀지고

〈행동의 정립 패턴〉이 침입한 이상, 4-5일은 '차별적인 눈빛을 한 부동산 중개인'이라는 '캐릭터의 곤돌라'가 나를 덮친다. '당신의 친구는 차별해야만 하는 장애인이에요'라는 선택지를 들이대고, 나를 빼앗으려 하는 캐릭터의 그림자에 스스로는 겁을 먹어, '왜 부동산 중개인은 그런 차별적인 눈빛을 친구에게 향하는 걸까'(부동산 중개인의 〈행동의 정립 패턴〉에의 의문), '왜 친구는 차별적인 눈빛을 받지 않으면 안 되는 걸까'(친구가 얻은 〈의미의 정립 패턴〉에의 의문), '왜 그런 눈빛을 내가 취해야만 하는 것인가'(부동산 중개인의 캐릭터가 침입해버린 후의, 자신의 〈행동의 정립 패턴〉에의 의문)라는 여러 불안을 지속적으로 갖게 된다.

부동산 중개인의 눈빛에 의해 친구가 더럽혀졌다는 느낌이 들고, 중개인의 눈빛의 침입에 의해 무구했던 나 자신도 더럽혀졌다는 느낌이 들어, 타자상도 자아상도 혼란스러워진다. 자신도 친구도 그 외의 타인도 누구도 믿을 수 없게 되어, 대인 공포에도 빠져들어 간다(이것은 장애인의 형제자매들에게도 많이 나타나는 현상인 듯하다).

하지만 4-5일 후, 캐릭터보다 더 높은 계층의 최상위에 군림하는 '사령탑'이 판단을 내린다. '우리들은 틀린게 아니야. 틀린 것은 차별적인 눈빛을 가진 사람들이야'라는 신념이 혐오감으로 '부동산 캐릭터의 곤돌라'를 돌려 보내, 불안은 서서히 분노나 분함으로 변해 갔던 것이다.

5. 자기상의 해이: 〈의미의 정립 패턴의 침입〉 두 번째 유형

나는 어떤 사람이었지?

이와 같은 현상은 나 자신이 차별적인 눈빛을 받았을 때에도 생긴다. 내가 아스퍼거 증후군 당사자로서 처음 발달장애 관련 대회장에 참가했을 때, 발달장애 아이를 지닌 부모는 나를 훑어보았고, 발표자인 교수는 위로 가득한 태도로 마치 작은 아이를 다루는 듯한 친절함으로 나를 대했다. 이제까지 생판 남으로부터 위로받은 적이 없었고, 비록 젊더라도 성인들끼리의 첫 대면에 어린아이 다루는 듯한 취급도 받아본 적 없는데 말이다.

새로운 타인의 눈빛에 의해 나는 '나는 도대체 어떠한 눈빛을 받는 인간이었지?' '누구한테나 미움받는 인간이었나?' '어린아이 다루듯 대할 만큼 아무 것도 못하는 성인이었나?'하고 나의 〈자기소개〉(자기상)가 혼란해져, '장애가 있어서 죄송하다며 눈을 마주치지 않고, 밑을 향해 등을 구부리고 있으면 되던가?' '말을 잘 못 알아듣는 것처럼 멍 때리는 모습으로 있으면 됐었던가'하고, 〈행동의 정립 패턴〉(자아상)도 흔들렸다.

평범하게 생활하고 있는 중에도 매일, 내게는 이와 같이 타인의 여러 '행위'나 '캐릭터', '타인이 갖는 사물이나 사람에 대한 〈의미의 정립 패턴〉(즉, '눈빛')이 침입해 온다. 그리고 침입해 온 '이물질'은 식중독처럼 나의 체내에 며칠간 머물게 되어, 나를 잠에 빠지게 만든다.

이물질에 접촉해도 곧바로 '이건 내 캐릭터나 눈빛이 아니야'하고 배제할 수 있는 사람이나, 이물질을 오히려 점차 자신의 것으로서 소화해 받아들이는 사람과는 다르게, 나의 경우는 이물질이 이물질인 채 체내에 머문다. 그리고 내가 어떠한 캐릭터였는지, 또는 세계는 어떠한 것이었는지를 흔든다. 그럼 마지막으로 지금까지 설명한 것의 응용편으로서 '평범한 척'의 감각에 대해 서술해 보자.

6. '평범한 척', 즉 '사교'의 곤란

나의 평범함과 일반적인 평범함

'도대체 이 사람은 무슨 생각하는 사람이지'하고 사람들로부터 기이하게

발달장애 당사자연구 자폐인이 몸. 그리고 세계와 관계맺는 방식

여겨지지 않기 위해 그럭저럭 습관들여 온 처세술로서, 나는 최소한의 미소와 맞장구로 '당신이 말하는 것은 확실히 내게 받아들여지고 있어요'라는 사인(sign)을 보내고 있다. 하지만 솔직히 이러한 정도로 표출하는 것조차 나에게는 엄청나게 '평범한 척'하는 것으로 다가온다.

평범한 척. 이는 '나는 커뮤니케이션이 가능한 사람입니다'하고 사람들이 안심할 수 있도록 행동하는 것이며, 이른바 '사교'이다. 만약 내가 '나의 평범함'에 따라 행동해 버린다고 하자. 그렇다면 차례차례로 덮쳐오는 정보 자극에 압도되어 두리번 두리번 주변을 살피고, 귀를 막으며, 때로는 사물과 대화하여 히죽거리며 웃을 것이다. 또는 돌연히 분 바람이나 소리에 깜짝 놀라 친한 사람들에게 매달리거나, 불안으로 '후-' '음-'하는 소리를 내거나, 두려움에 견디지 못하고 안정하기 위해 손목을 잘근잘근 씹거나, 말을 더듬거리며 문법대로 이야기하지 못하거나 하는 등의 표출을 하게 된다. 하지만 나는 이렇게 행동하면 사람들로부터 이상한 사람으로 바라봐질 것이란 것을 알고 있다. 따라서 이와 같은 행동은 극히 친한 사람에게만 표출하고 있는 '비사교적'이고 '탈사교적'인 나의 모습이지만, 사실 이것이 내가 생각하는 '진짜 나'다.

사람과 만나게 되면 '평범한 척'이 필요해져, 나의 본연의 모습인 비사교의 세계에서 억지로 끌려나와 '정상'으로 보이도록 행동해야만 하게 된다. 이 지점에서 꽤 부자연스럽고 유쾌하지 않은 감각이 발생하는데, 외부에서 사교를 강요받는 폭력성을 느끼는 것이다. 여러 '평범한 척' 중 입력된 것이 '싱글벙글 혹은 끙끙대며 이야기를 듣고 있는 사람'이라는 수동적인 캐릭터라면, 나는 그에 맞춰 아슬아슬하게 표준적으로 행동할 수 있게끔 되어 있다. 하지만 더욱 고차원의 '집단이나 사람 앞에서 대화가 가능한 사람'이라는 능동적인 '평범한 척'(즉, 사교)을 하기 위해서는, 보다 많은 행동의 선택지 속에서 행동을 골라 결정해야만 하기 때문에 부담이 크다.

일정 기간 '평범하게 이야기가 가능한 사람'으로 남아 있기 위해서는 시시각각 바뀌는 환경의 변화를 두려워하면서도 그것을 파악해야 하는 것뿐만이 아니라, 내가 '나'라는 어느 하나의 캐릭터로 [일관되게] 움직이고 있는지 어떤지에 대한 미세한 조정에 기운을 배분해야만 한다. 발성법, 말투, 어휘, 이야기의 간격, 말하는 속도, 웃는 방식, 눈 움직임의 조정, 손가락의 움직임. 그 모든 것들이 한 사람의 인격(캐릭터)으로서 일관성이 있는지, 혼자 들떠있거나 주눅들어 있지는 않은지, 깔보는 느낌이 들지는 않는지, 남에게 불쾌감을 주고 있지는 않은지, 과도하게 연기를 하고 있지는 않은지 등의 체크가 상시로 필요해지는 것이다. 이러한 수준의 사교는 나중에 나에게 큰 공황을 일으킬 정도의 허들이 높은 작업이다.

사교의 자가중독

아슬아슬한 줄타기 사교를 끝내고 귀가하면, 자기상도 자아상도 해체된 채 '일상의 나는 어땠었지?'하고 심신이 뿔뿔이 흩어져 간다. '진짜 열심히 사교적으로 움직였지만, 그건 내가 아니야'하고 몸이 토악질을 일으키는 것이다. 사교 중에 내린 자신을 향한 많은 행위 지령이 재생되어, 기억으로 머리가 포화하고 머리가 내압으로 부풀어 올라 깨질 듯한 느낌으로 고통받는다.

즉 사교용으로 만들어낸 스스로의 캐릭터에 의한 침입이 시작되는 것이다. 타인의 캐릭터의 침입이 '식중독'이라면, 필시 이것은 '자가중독'이라고 할 수 있을 것이다. 그리고 '잘 말할 수 있는 자신이라니 역시 거짓말쟁이었어', '그런 식의 나로 있을 것이었다면, 차라리 무리해서 말할 수 있는 척 같은 거 안 했으면 좋았을 걸'하고, 〈1인 반성회〉를 하게 된다.

이러한 평범한 척을 통해 내게 '좋은 인상을 받았다'는 말이나, '다른 분이 당신에게 좋은 인상을 받았대요'라는 등의 말을 들은 새벽에는, 난

발달장애 당사자연구 자폐인이 몸. 그리고 세계와 관계맺는 방식

사라져 버리고 싶어진다. 사람들에게 좋은 인상을 주어 승인된 자신은 어림짐작하여 표현하고 있는 '평범한 척'의 캐릭터일 뿐이기 때문이다. '남으로부터 소외받지 않기 위해서는 나는 항상 그 캐릭터로 있을 수밖에 없는 건가', '매번 거기까지 무리하지 않으면 안 되는 건가'하며, 슬프고 힘들어져 오열이 시작된다. 거부하는 몸이 이물을 토해 내려 한다. 그 때문에 더 이상 누구하고도 만나고 싶지 않아지고, 심할 때에는 1주일에서 10일까지도 방에 처박히기 일쑤인 생활을 하게 된다.

이어지고 싶지만 이어질 수 없어

이와 같이 내게는 사람과 만나는 전후에 여러 고통이 동반된다. 그 때문에 나는 긴 세월, '사람과 이어지고 싶지만 이어질 수 없어'라 생각하지 않을 수 없었다. 매일 같이 생활하고 있는 내 아이들이라면 의미나 행동의 정립 패턴을 어느 정도 공유하고 있기에, 현재는 타인들과 비교적 이어져 있는 느낌은 있다. 또한 익숙한 사람과의 일대일 대화에서라면 일순간 '지금 이 사람과 이어진 걸지도'라 생각하는 일도 있다. 하지만 내가 이야기하고 있는 것은 그런 종류의 이어짐이 아니다.

내가 이어지고 싶어도 이어질 수 없다고 생각하는 것은, 즐거운 듯이 떠들고 들떠있는 동세대의 집단과 같은 것이다. 10대 즈음의 반 친구, 20대 즈음의 동아리 회식, 30대인 지금은 엄마들 모임 같은 곳일까. 들떠 있는 내용이 고상하든 시시한 것이든 그것은 문제가 아니다. 거기에 들어갈 수 없는 나에게 있어서는, 단지 '집단 속에서 즐거운 기분을 공유하고 있는 듯이' 보이는 광경이 매력적인 것이다.

4살 때 처음 집단생활에 들어갔을 때부터 '나 이거 무리야'하고 확실하게 깨달았고, 이후 사람들의 집단 속에서는 이어져 있는 느낌을 지니지 못 한 채로 지내왔다. 지금도 나에게는 가끔 맹렬하게 '사람이 그리운' 기분이 닥쳐 온다. 이제 와서 '도대체 그 즐거운 듯한 모습이란 건,

안에 있으면 어떠한 느낌이 드는 것일까'하고, 즐거워 보이는 집단에의 소박하고 강렬한 동경이 솟아난다.

이와 같이 사람과 이어지는 것에 동경을 품는 것은 어쩌면 내가 이어지는 만족감을 알고 있기 때문인지도 모른다. 나에게는 식물이나 하늘, 달이라면 이어져 있는 감각이 있다. 마음이 왕래하고 열려서 차올라가는 즐거움이나 충실감이 있는 것이다. 그와 같이, 혹시 사람들이 집단 속에서 '자신이 집단의 한 구성원으로서 주체적으로 울타리 안에 존재하고 있는 것을 자각하고, 이야기를 주고받는 사이에 즐겁다는 기분이 자연스럽게 솟아 올라, 그 기분을 다른 구성원과 공유한다'는 체험을 맛보고 있는 것이라 한다면, 그것이 부러워서 견딜 수가 없다.

최근에 몇 명의 사람들에게 그렇게 이야기하니 '힘들면 이어지면 되잖아' '왜 그렇게 이어지고 싶은 거야?' '이어졌다는 거, 실은 딱히 대단할 것도 아니야' '진짜 이어질 수 있는 것은 인생에서 결국 한 명, 두 명뿐이고'라는 등의 대답이 돌아온다. 하지만 나에게 있어서 그런 대답은 사람들의 세계에서 집단으로 이어지는 감각을 알고 있기 때문에 할 수 있는 대사이다. 아니면 애초에 이어지는 것을 포기한 사람의 대사일지도 모르겠다.

아무리 사람 속에서 '즐겁다'는 것을 느낄 수 없어도, 나는 가끔 '집단의 즐거워 보이는 모습을 바라보고 싶다'고 생각하여 외출한다. '사람들은 이어져 있어서 부럽다.' '나는 이어지지 못해서 쓸쓸하네.' 이런 두 개의 애절한 기분을 감싸 안으며, 즐거운 듯 미소 진 무리를 보고, 이어져 있는 기분을 조금 나누어 받는다. 지금 생각해보면 결국 이러한 것들만이 나와 동류인 사람들이 집단과 이어지는 소소한 방식일지도 모른다.

사람은 역시, 누군가와 연결되어 있어야 비로소 사람인 것이라 생각한다.

5장

목소리를 대신할 것을 찾아서

: 말을 거둠으로써 자유로워지다

1. 나와 목소리와의 이야기: 수어를 얻기까지
2. 말하지 못하는 감각
3. 들을 수 없는 사람들의 문화에 근거한 지원
4. 수어로 노래부르기

| 5장 |

목소리를 대신할 것을 찾아서 : 말을 거둠으로써 자유로워지다

철이 들었을 때부터 '말하는 것'과 '발성하는 것'에 어려움을 느껴 고뇌와 불안을 안고 살아온 나는, 초등학교에 들어가기 전에 이미 수어에 관심이 있었고, 대학 시절이 되어서야 겨우 수어를 익힐 기회를 얻었다. 현재의 나에게 있어 수어는 없어서는 안 될 언어이다. 대인관계에 있어서 의사소통 수단으로 수어를 사용하고 있고, 수어로 말할 수 있는 곳을 안식처로 여기고 있다.

목소리를 내(지 못하)거나 수어가 섞이거나 하는 나의 말하는 모습을 본 사람은, '들을 수 있는 사람인건지 들을 수 없는 사람인건지, 수어에 심취한 사람인건지, 도대체 어떤 사람인지'하고 나를 특이하게 생각하고 있을지도 모른다. 내가 안고 사는 발성장애를 논하기 위해서는, 다소 길어지겠지만 먼저 '나와 목소리와의 이야기'에 지면을 할애할 필요가 있겠다.

1. 나와 목소리의 이야기 : 수어를 얻기까지

목소리 내는 법을 모르다

철이 든 무렵부터 나는 '목소리를 잘 낼 수 없는', '잘 말하지 못하는' 것을 자각하고 있었지만, 그렇다고 해서 가정에서 말이 없던 아이는 아니었다. 부모님은 나에 대해 "말하기 시작했던 것은 꽤 빨랐어. 돌이 지나고서부터 내면의 언어를 여과 없이 내뱉기 시작했고, 동시에 질문을 퍼부어 노이로제에 걸릴 것 같았어"라고 말했다. 당시의 내가 그렇게 말이 많았던 이유는 '자신이 느끼고 있는 감각이나 사고, 인지의 하나하나가 정말로 실재하고 있는 것인지 아닌지, 자신의 감각을 막 외운 단어로 표현하는 것이 정말로 통하는 것인지 아닌지에 대해 확인하지 않고서는 배기지 못했기 때문'이라고 지금에서야 설명할 수 있다. 언어를 사용하여 표출한 내용이 다른 사람에게 통한다면, 그리고 '맞아, 네가 말한 대로야'하고 답변을 받을 수 있다면, 확실히 그 감각이나 사고, 인지는 '있는' 것으로 안심된다. 그 확인 작업 때문에 나는 필사적으로 마구 지껄여 대고 있던 것이다.

그렇다고는 해도, 말한다는 행위는 정말로 목이 아프고 괴로운 것이었다. 가능하면 발성이라는 수단을 사용하지 않고 자신의 생각을 표출할 수 있으면 좋겠지만, 공교롭게도 나는 태어나서 표출수단은 이것 하나밖에 가지고 있지 않았다. 다음에서 다음으로 생각이 샘솟기 때문에, 나는 단지 사고의 실재(實在)에 대한 확인 작업에 쫓기기만 했다. 지금까지도 내게 있어 음성언어의 주된 용도는, 말 주고받기를 즐기기 위한 의사소통 수단이라기보다 세계나 자신이 존재하고 있는 것을 확인하기 위한 표출수단일지도 모른다.

4살 무렵, 꽤나 심하게 잠긴 허스키한 내 목소리를 거슬려했던 부모님은 나를 이비인후과에 데려갔다. 나의 목은 호흡이 새는 와중에 어찌

발달장애 당사자연구 자폐인이 몸, 그리고 세계와 관계맺는 방식

어찌 소리를 내고 있는 상태였다. 스스로도 말한다는 행위에 대해 '몹시 힘들다, 기진맥진하다'라는 감각이 있었다. 의사는 나의 성대 사진을 찍어 설명했다. "'아~'하고 발성하고 있을 때 성대가 딱 닫혀있지 않고, 틈이 벌어져 있습니다. 그런데도 무리해서 발성하고 과도하게 말을 계속하고 있어, 목에 부담이 오고 목소리가 쉬어 버립니다. 가능하면 말은 시키지 않도록 해주세요."

성대는 2장의 주름으로 되어 있다. 그게 딱 닫혀 있을 때 기관에서 올라온 공기가 지나서 진동하면서 나는 소리가 '목소리의 음원'이 되는 것인데, 나의 경우는 꼭 닫혀 있어야만 할 때에도 그 틈이 벌어져 있었다. 그래서 숨이 새어 버리고 원래라면 적당했어야 할 화법으로는 조그마한 목소리밖에 낼 수 없다. 그것을 남과 같은 큰 목소리로 내려고 하기 때문에 목에 부담이 온다. 그리고 목이 잠긴, 듣기만 해도 아픈 느낌이 드는 갈라진 목소리가 되어 버리는 것이다.

전혀 목소리가 나오지 않는 경우라면 수술을 생각할 수도 있겠지만, 나의 경우 목소리는 나오고 있었기에 어쨌든 가급적이면 말하지 말라는 대처법이 제시되었다. 그 이후 나는 갑자기 '말하면 안 된다'고 철저하게 주의를 받게 되었다.

'너를 위한 거야. 의사 선생님이 그랬잖아.'
'작작 좀 해라. 그렇지 않으면 낫지 않잖아!'

이런 말은 지금도 나의 뇌리에서 떠나지 않는다.

다들 무엇을 하고 있는지 모르겠어

이번에 책을 쓰는 과정에서 다시금 부모님에게 그 정황을 들으며, 당시 의사가 부모님에게 '유치원을 그만두게 해서라도 지금 당장 말을 시키는 건 그만두세요'하고 말했던 것을 알았다. 그 이야기를 들었을 때 나는 오히려 대환영이었다. 왜냐하면 유치원에서 내가 말하는 일은 거의 없었기 때문이다.

'어째서 이 아이들은 매우 즐거워하는 것일까. 어떻게 하면 저 웃는 얼굴로 뛰어다니는 애들 사이에 나도 들어갈 수 있을까. 즐거운 기분이란 어디에서 오는 것일까. 과연 나는 여기에 존재하고 있는 것일까. 나는 이 아이들과 놀아도 되는 존재인 걸까.'

유치원이라는 첫 또래 집단 속에 놓이고서 나는 항상 물음표와 불안 속에 있었다. 내가 놓인 상황에 대해 설명해 주는 사람은 아무도 없었고 내가 있을 곳은 없었다. '나는 여기에 존재하고 있는 것일까.' 그렇게 생각한 것은, 반에서 술래잡기를 하고 있어도 도망칠 필요가 없었기 때문이다. 아무래도 아이들에게는 내가 보이지 않는 듯했다. 무엇이 일어나고 있는지 몰라 내심 겁먹고 있는 나를, 멍하니 우뚝 서서 아이들을 바라보고 있는 나를 술래가 잡으러 오는 일은 없었다. 나는 반 모두의 얼굴과 이름을 외우고 있는데도 아이들은 나를 기억하지 않는다는 것도 알게 되었기에, 나는 같은 반 친구들의 이름을 외우는 작업을 그만두기로 했다.

나로서는 내 주변에 일어나고 있는 일의 확인 작업을 하고 싶었던 것이지만, 도무지 이 아이들은 내 이야기에 함께 해줄 것 같지 않은 듯했다. '지금 뭐하고 있어?'하고 필사적으로 물어보아도, '모래!' '미끄럼틀이다!' '난 술래야.' '지금 말이야, 뛰고 있는 거야!' 등의 짧은 말로밖에 대답하지 않았다. 하지만 나는 그것만으로는 정보가 부족했다. 누가 누구랑 어떤 기분으로, 어떤 규칙으로, 언제까지 함께 어울리고 있는 것인지를 나는 설명해주길 바랐다.

선생님에게 '다들 뭐하고 있는 거에요?'하고 물어보아도, '그런 건 선생님에게 묻지 말고 친구들에게 물어보렴' '선생님은 모두의 선생님이에요. 너의 이야기만 듣고 있을 수만은 없어' 하고 대하거나, 아예 무시하곤 했다. 결국 집에 돌아와서는 '○○가 이런 걸 하고 있었어' '이런 일이 있었어'와 같은 물음표가 붙은 상태로 남겨진 '오늘 있었던 일'의 대량의 기억을 부모님에게 보고해야만 했다. 그리고 그 맥락도 없고 끝도 없는 '수다'가 또 다시 부모님을 고민하게 만든 듯했다.

당시의 내가 아이들과 어울릴 수 없었던 것은 소극적이었기 때문이 아니라 상황을 잘 몰랐기 때문이다. 아니, 좀 더 정확하게 말하면, 일어나고 있는 상황은 잘 알고 있었지만 또래 아이들의 서투른 말로는 그 아이들의 의도를 충분히 파악하는 데에 설명이 부족했기에, 내가 그들과 공감할 수 없었기 때문이었다. 어린 나의 내면에서는 '지금 뭐가 일어나고 있는지를 누군가가 말로 설명해 주면 나는 현상을 파악할 수 있을 것이다'라는 불만이나 분노가 항상 있었다. 하지만 그러한 나의 내면의 모습을 받아주고 통역해 줄 상대는 아이들 중에서도 어른들 중에서도 찾을 수 없었다. 그래서 나는 아이들 무리 속에 들어가지 않은 채로 있었고 말하는 일도 없었던 것이다.

그때로부터 오늘에 이르기까지, 즐거운 듯 노는 아이들이나 수다 떠는 반 친구들의 무리, 경쾌하고 빠른 템포의 대화 등에는 섞이지 못하고 지내왔다. 점점 달아오르는 기분을 공유하지 못하고 그들의 세계에 동경이나 선망을 품으면서도, '왜 나는 저 무리 안에 들어가지 못하는가' '어째서 즐거운 기분이 되지 못하는 건가'를 몰랐고, 또한 그 '이유를 모르는 것'이 불안했다.

들을 수 없는 아이와의 만남

이와 같은 마구잡이식 첫 집단생활 속에서 유일하게 나의 마음을 설레게 한 만남이 있다. 5살의 여름, 물이 무서워 물놀이를 거부하고 꾀를 부려 쉬고 있었을 때, 이따금씩 옆에 앉아 똑같이 쉬며 물놀이를 바라보고 있는 1살 아래의 여자아이가 있었다. 그 아이가 양쪽 귀에 이어폰 같은 것을 끼고 있는 것을 보고, 나는 손으로 가리키며 '이거(는 뭐야)…?' 하고 물었다. 그러자 그 여자아이는 표현이 서툰, 겨우 알아들을 수 있는 발음으로, "이건 말이야, 빼면 안 되는 거야. 봐봐"라 말하고 티셔츠를 걷어 올려서 맨살 흉부에 동여맨 장치를 보여주었다.

성인 손바닥에 올려놓을 정도의 사각형 기계가 손으로 만든 듯한 파우치에 들어 있었고, 목에서 끈으로 이어져 있었다. 끈은 파우치 옆에도 달려있어서 그 끈들이 양 겨드랑이와 등 가운데를 돌아 뒤에서 매듭져 있었다. 그런 식으로 그 장치가 흔들거리지 않도록 고정시켜 놓은 듯했다. 양쪽 귀의 코드는 그 파우치 속 기계로 이어져 있었다. 즉 그녀는 상자형 보청기를 파우치용으로 쓰고 있던 것이다.

"귀가 안 들리니까, 풀장은 안 돼." 그 아이가 알아듣기 힘든 발음으로 말했다. 당시의 나에게는 '들을 수 없다'는 것도, 이 기구가 무슨 역할을 하고 있는지도 몰랐다. 장치는 심장 근처에 고정되어 있고, 풀장은 안 된다고 하고. 당시 나는 '들리지 않는다'는 것은 풀장에 들어가면 심장이 멈춰버리는 큰 병인 것인지도 모른다고 생각했다. 하지만 무엇보다도 '귀가 들리지 않는 아이는 잘 말할 수 없는 듯하다(그리고 당당히 풀장에 들어가지 않아도 되는 듯하다!)'라는 강렬한 인상을 어린 나에게 심어주었다.

그녀와의 만남은 '오합지졸'로밖에 보이지 않는 아이들 집단 속에서 '처음 개인으로서의 인간을 발견했다'고 생각이 들게 해주었다. 잘 말하지 못하는 사람끼리 이어질 수 있는 게 아닐까. 사람들의 무리 안에서 고립된 감각을 공유할 수 있는 첫 인간은 아닐까. 좀 더 이야기를 해보고 싶다. 그런 동경을 나에게 안겨주었다. 그 후 유치원 정원에서 2~3번 그 아이에게 말을 걸어 보곤 했지만, 이를 수상히 여긴 그 아이의 같은 반 여자아이들이 '다른 반 사람은 얘한테 말 걸면 안 돼!'하고, 나를 탁

발달장애 당사자연구 자폐인이 몸, 그리고 세계와 관계맺는 방식

밀어 젖히고서 그녀를 데려가 버렸다. '아아, 유치원이란 그런 규칙으로 돌아가는 거구나'하고, 나는 쓸쓸한 기분으로 말 거는 것을 그만뒀다. 유감스럽지만 그 여자아이와의 관계는 그것으로 끝이 났다.

수어라는 것이 있다!

유치원 시절로부터 얼마 지나지 않아 초등학교 저학년이 되었을 무렵, 책가방을 멘 아이들 4-5명이 입을 별로 쓰지 않고 표정과 손을 움직여 '즐거운 듯 이야기하고 있다'고 여겨지는 광경을 처음 목격했다. 나는 흥분하여 부모님에게 "저 사람들 뭐 하고 있는 거야?"하고 물었다. "귀가 들리지 않으니까 손으로 이야기하고 있는 거야"하고 부모님은 담담하게 대답했다. 그러자 갑자기 이전의 기억이 번득하고 되살아났다. '귀가 들리지 않는다 = 말을 잘 못했던 수영장에서의 여자아이'다. 그렇다는 것은….

들을 수 없다 = 잘 말할 수 없다

들을 수 없다 = 손으로 말한다

<u>고로</u>

잘 말할 수 없다 = 손으로 말한다

이러한 생각이 스쳐, 어린 마음에 '이거다!'하고 정확히 납득이 갔다. 어째서 자신이 들을 수 있는 사람인 걸까 하는 생각조차 들었다. 집에서는 목소리를 내서는 안 된다고 혼나는 자신. 유치원에서는 말할 상대가 없어, 즐거운 기분의 친구들에게 들어가지 못하는 자신. 저런 식으로 손으로 말할 수 있게 되면, 분명 다른 사람처럼 재잘재잘 대화를 자유롭게 즐길 수 있게 될 것이 틀림없다는 결론을 냈다.

'나는 손으로 말하는 방법을 익힐 거야.' 이때 나는 그렇게 마음을 정했다.

혼자서는 수어를 배울 수 없어

시간이 더 흘러 초등학교 4-5학년 즈음, 어머니의 친정에서 숙모의 책장에 있던 수어 책을 발견했다. 그림 표지에는 『우리들의 수어』라고 써 있었다. '꽃가게에서 일했을 때 손님 중에 들을 수 없는 사람이 온 적이 있어서 수어를 배우려고 했어.' 숙모는 말했다.

배우고 싶었던, 손으로 말하는 방법이 책에 실려 있다! 흥분한 나는 탐내듯 읽다가 10권 정도의 그 시리즈 책 전부를 받아서 돌아갔다. 곧바로 수어 학습에 몰두하고 싶었지만, 유감스럽게도 머지않아 움직임이 있는 수어를 움직임 없는 '책'이라는 매체로 이해하는 것은 어렵다는 것을 알게 되었다. 또한 수어의 단어 하나하나를 익히더라도, 과연 이것들을 어떻게 언어로서 연결시켜 쓰는 것인지를 모른다는 벽에 부딪혔다. 게다가 익힌 손의 움직임이 정말로 올바른 것인지, 제대로 대화가 통하는 것인지 여부를 판단해 줄 수 있는 사람도 주변에 없었다.

즉, 당시 어린아이였던 나는 두 개의 사실을 깨닫게 되었다. 하나는 '말이라고 하는 것은, 실제 사용을 따라하지 않으면 익힐 수 없다'는 것. 또 하나는 '말이라고 하는 것은 자기 혼자서 익히는 것은 무의미하며, 주고받을 상대가 있어야 비로소 성립하는 것이다'라는 것이다. 결국 책에서 수어를 배우는 것은 무리라며 단념하고, '적어도 움직임이 없는 손가락 문자만이라도 익히자. 만약의 경우 답답하겠지만 손가락 문자만으로도 통할지도 몰라'라는 생각에, 앞으로 언제 사용할지도 모를 손가락 문자를 열심히 익히고 그 이상은 단념하기로 했다.

당시까지도 수어라고 하면 뉴스 화면 구석의 조그마한 구역 속에서 손을 움직이는 사람을 가끔 보는 정도였고, 움직임이 있는 수어를 볼 기회는 매우 제한되어 있었다. 그나마 고등학생 시절에는 NHK의 수어 강좌나 수어 뉴스가 시작되고 있었지만, 그 무렵의 나는 수어를 할 처지가 아니었다.

발달장애 당사자연구 자페인이 몸, 그리고 세계와 관계맺는 방식

이번에는 읽지 못해

고등학생이 되자, 나는 학습 차원에서 가장 중요하므로 열심히 하라고 강요받던 영어 과목으로 인해 말이 막히기 시작했다. 글자 수가 많아진 영어 단어의 알파벳 순서를 외우는 것이 어려워, 순서를 이곳저곳 바꿔서 기억해버렸기 때문에 좀처럼 영어단어를 외우지 못했다. 또, 교과서의 글자 양도 늘고, 글씨가 작아졌기 때문에 아무리 읽으려 해도 나에게는 글씨가 깜빡이듯 아른거려, 'O'과 '-'가 불규칙하게 늘어져서 만들어진 어수선한 모양으로 보였다. 그래서 영어의 한 행씩 눈으로 좋는 것조차 곤란한 상태였다.

속이 울렁거려 자를 대거나 종이로 가리면서 필사적으로 읽었지만, 그렇게 하면 번역해서 이해하기도, 어느 단어가 어디의 단어를 수식하는 것인지를 파악하기도 어려웠다. 영어 학습에 시간이 매우 오래 걸리게 되어 예습도 복습도 제 때에 맞추지 못하게 되었다.

초조해진 나는 매일 필사적으로 책상 앞에 있었지만, 고등학교 1년이 끝날 즈음 그만 감각포화가 되어 몸이 망가졌다. 눈을 뜨고 있을 수 없게 된 것이다. 당시 나는 '무언가가 보이는' 것에 의한 시각 자극을 더 이상 아파서 견딜 수 없다고 느꼈다. 1-2개월간 학교를 다닐 수 없게 되었고, TV는 눈을 감고 소리만 들었다.

'잘 말할 수 없는' 데다가 이번엔 '읽지 못하'기까지 하다니! 사람과 관계 맺는 법을 모르는 만큼 생각의 세계나 학문의 세계, 책의 세계에 의지해 왔는데, 읽는 것까지 불가능하게 되어 버렸다. 난 도대체 뭘까. 다른 사람들은 어떠한 것도 변하지 않은 듯 보이는데, 어째서 나만 이렇게 좋지 못한 일을 겪어야만 하는 걸까.

반년이 지나면서 보는 능력은 서서히 회복되어 갔지만, 더 이상 무리를 하는 것은 불가능했다. 나는 스스로를 전혀 믿지 못하게 되었고, 자신이 망가질지도 모른다는 공포나, 자신이 어떠한 존재인지 모르겠다는 공포에 휩싸여 있었다. 이런 식으로 정신적으로 불안정한 자신이 대학 수험에 견딜 수 있을 것이라고는 생각하기 어려웠고, 결국 내부 추천으로 갈 수 있는 계열의 대학에 진학하게 되었다. 때마침 대학의 부속 고등학교에 들어갔었기에 어쨌든 대학에 진학할 수 있어서 다행이라고 생각하는 한편, 수험에 몰두하지 못해 '충분한 노력을 통한 도전'을 이루지 못한 자신에 대해서는 앞이 보이지 않는 죽음이 배후에 도사리고 있는 듯한 좌절과 절망을 느꼈다.

들을 수 없는 학생처럼도, 들을 수 있는 학생처럼도 될 수 없다

대학에 진학하자마자 나는 들을 수 없는 대학생이 중심이 되어 모여 활동하고 있는 단체에 소속되었다. 그들과 함께 활동하는 사이, 나는 수어를 내 의지대로 자연스레 익혀나갈 수 있었다. 가까스로 오랜 염원이었던 '목소리를 내지 않고도 말하는 수단'을 몸에 익힌 것이다. 이것으로 나도 겨우 즐거운 대화에 들어갈 수 있게 되었다. 나는 적잖이 고양되어 있었다.

하지만 수어를 익히고, 동경하던 '수어를 사용하는 집단' 속에서 2년이 지났지만, 쾌활하고 즐겁게, 자연스럽게 이야기할 수 있는 나는 나타나지 않았다. 여전히 듣기가 중심인 생활은 변하는 일이 없었다. 들을 수 없는 다른 학생들을 보면 '지금까지 들을 수 있는 사람들 집단 속에서 고립되어 있었지만 지금은 수어로 말할 수 있게 되었어'라는 식으로, 이로써 충분하다고 여기고 즐거워하는 듯해 보였다. 하지만 그들과 같은 변화는 내게는 일어나지 않았고, 유감스럽게도 '집단 속에서 즐거운 듯 말하지 못하는 자신'은 수어를 익혀도 소멸되지 않았다. 나는 깜짝 놀랐다. '나도 저렇게 됐어야 했는데, 왜 나만 변할 수 없는 거지?' 나는 들을 수 없는 학생들을 부러워하고 질투하게 되었다.

한편 그 단체에 있던 들을 수 있는 적은 수의 학생은 장래에 수어 통역자나 농인 학교 선생님이 되는 것을 목표로 하는 사람들뿐으로, 그학생들은 적극적으로 필기통역이나 수어통역과 같은 활동을 하고 있었다. 하지만 나는 그 부분에서도 열등생이었다. 다른 들을 수 있는 학생들처럼 통역활동을 하기엔 내 머릿속이 여러 자극이나 감각으로 순식간에 포화되어 버려, 혼란이 생기기만 하고 조금도 숙달되지 않곤 했다. 또 열등감이 새겨졌다. 들을 수 없는 다른 학생처럼도, 들을 수 있는 학생처럼도 되지 못한다. '도대체 나는 뭘까….' 또 이 물음이 떠올랐다. 그리고 그와 같은 열등감을 완전히 없애지 못하고 마음 둘 곳을 얻지 못한 채 나는 대학을 졸업했다.

2. 말하지 못하는 감각

긴 세월 동경하던 수어라는 의사소통 수단을 손에 넣었음에도 불구하고, 나에게서는 여전히 '말하지 못한다'는 감각이 없어지지는 않았다. 하지만 수어로 편해진 부분도 확실히 있기는 했다. 수어는 무엇을 보완하고 무엇을 보완할 수 없었던 것일까. 이 책을 계기로 이를 탐구하던 중에, 우선 내 안에서 크게 두 가지의 말할 수 없는 감각이 있다는 것을 알게 됐다.

① '의미의 정립' 단계에서의 얼어버림

처음 마주하는 장소, 처음 대면하는 사람

첫 번째는 '의미의 정립'이 불가능한 것에 의해 생기는 얼어버림이다. 이것은 수어를 보조 수단으로 사용하기 이전 단계에서 발생하는 것으로, 주위의 인적·물적 환경 정보에 의미를 부여해가며 머릿속에 입력하고 반응하는 것이 불가능하여 말하지 못하는 상태를 말한다.

처음 대면하는 장소, 사람, 집단, 아는 사이지만 오랜만에 대면하는 사람, 활발한 반 친구들 속에 돌연 놓여졌을 때, 내 주변에는 의미를 알 수 없는 대량의 정보가 갑작스레 넘쳐난다. 그로 인해 정보처리가 되지 않아 감각포화가 되고, 외부 세계를 파악하지 못하기에 경계심이 올라가고 불안이나 긴장이 단숨에 고조된다. 그리고 '의미를 모른다'는 불안을 가진 채, 한 걸음마다 변화하는 거리의 풍경이나 길의 순서, 들어간 실내의 모습, 차례로 변화하는 사람의 표정, 손짓, 몸의 움직임 등을 차례로 사진 기억으로서 찍고 또 찍어내게 된다.

처음 방문한 가게나 실내, 역내 등의 '물리적 환경'에 대해서는, 예를 들면 반향 위치측정(2장 참조)에 의해 급히 환경의 의미불명 상태를 없애고 조금이라도 외부 세계를 파악하려고 시도하는 일도 있지만, 이것도 정보의 양이 너무 지나치면 도움이 되지 않는다. 전자제품 대리점같이 시청각에 있어서 대량의 정보가 넘치고 있는 장소라면 반향 위치측정은 커녕 감각포화 상태로 들어가 버린다. 이러한 상태에서는 시야를 좁히고 귀마개를 해서 자극의 고통으로부터 몸을 지키는 것만으로도 힘에 부친 상태가 되어버린다.

한편, 처음 대면한 사람과 같은 '인적 환경'을 파악하는 것은 다른 의미로 어렵다. 이것은 타자(他者)의 '캐릭터 파악'의 문제이다(4장 참조). 4장의 부동산의 에피소드를 통해 본 바와 같이, 잘 모르는 상대의 행위로부터는 그와 관련한 상대의 의도를 하나로 확정하기 어려우며, 많은 가능성이 상정된다. 1장에서는 많은 단편적 신체감각들을 하나의 '자기소개'로 정립하는 어려움을 살펴보았지만, 타자의 단편적인 행위로부터 하나의 캐릭터를, 더욱이 타자의 의도까지를 정립하는 것에도 같은 어려움이 있다는 것이다. 4장의 부동산의 예를 토대로 그 과정을 정리하면, 다음과 같다.

발달장애 당사자연구 자폐인이 몸, 그리고 세계와 관계맺는 방식

❶ 타자의 행위가 단편적이고 의미가 불분명한 것으로서 침입해오는 단계

❷ 타자의 행위 속에서 반복하여 나타나는 패턴이 발견되어, 하나의 캐릭터로서 정립되는 단계

❸ 캐릭터를 파악하는 것을 통해, 그 사람이 세계에 보내고 있는 시선을 파악하는 단계

'말 그대로의 내용'이라면 이해할 수 있지만

'이 사람은 아마 이런 사람'이라고 타자의 캐릭터나 의도의 가능성을 어림짐작하여 하나로 결정짓는 것도, 그러고서 자신의 표현을 그 장소에서 즉시 짓는다는 것도 나에게는 불가능하다. 그렇기에 나는 속으로 '그녀는 표면적으로는 평온하지만, 어쩌면 본심은 몹시 애끓는 마음일지도 몰라' '그 사람이 힐끗 시선을 돌렸었는데, 뭔가 기분을 상하게 했던 걸지도 몰라'와 같이, 타자의 미세한 행위의 의도를 판단하지 못하고 얼어붙는다. 간단하게 바꿔 말하면, 상대의 미세한 〈행동의 정립 패턴〉을 모르기에 상대의 의도를 모르고, 상대의 다음 행동이 어떻게 될지 모르기 때문에 자신의 행동도 결정할 수가 없는 것이다.

그렇다 해도 나도 일단 사람과 만날 때에는 혼신을 다할 각오로 상대에게 집중하고, 머리를 풀가동시켜 단편적인 많은 미세한 행위에서 의도를 길어올리려 노력은 하고 있다. 따라서 상대가 이야기하고 있는 '언어 그대로의 내용'은 보통 이해하고 있으며, '아마 상대는 이런 식으로 느끼고 있을 거야'라는 것도 어찌어찌 짐작은 된다. 하지만 결국 '그 짐작이 확실한지 아닌지 몰라'라는 점이 나를 불안 덩어리로 만들고 얼어붙게 한다. 그리고 타자와 헤어진 후, (두뇌 풀가동의 노력이 무색하게) 의미가 불확정 상태로 있는 '타자 행위의 단편적이고 많은 사진 기억'이 플래시백으로 재생된다. 그리고 이어서 단편적인 행위에 〈침입〉되거나 〈1인 반성회〉를 하거나 하는 상태에 빠져 버린다(3장 참조).

나는 만약,

'당신은 즐기고 있는 듯 보입니다만, 정말 그렇습니까?'

'좀 전의 말투에는 강력한 감정이입이 되었습니다만, 실은 겉치레로 그러셨던 건가요?'

'대화 전개가 빨라서 따라가지 못했습니다만, 5번째 이전의 화제로 되돌아가도 될까요?'

라고 내 판단이 옳은지 그른지를 매번 상대에게 물어서 확인할 수 있다면, 그 대화가 얼마나 나의 장벽 해소에 도움이 되고 편해질 수 있을까 생각하곤 한다. 하지만 나의 주변을 둘러싼 상식적 사교의 틀은 이를 일일이 확인하는 것을 용납하지 않고, 나는 결국 상대의 의도나 감정의 고양 상태를 파악할 수 없게 된다. 게다가 대화하는 집단이 눈앞에 있는 경우라면, 모르는 사람의 수가 많은 데다가 그들끼리의 대화가 계속 이어지기 때문에 알지 못함이 상승되어, 그 언행의 주고받음을 파악하려 해도 따라가지 못하고 결국 얼어버리게 된다.

단체 줄넘기에 들어가지 못해

이와 같이 '의미의 정립' 단계에서 얼어붙어 있는 경우 그 장소에 어울린다고 여겨지는 발언의 내용을 정리하는 것이 어려워, 더욱이 '어떻게 응답해야 할까' '어떻게 말할까' '목소리는 낼 수 있을까' '수어를 쓸까'라는 구체적인 '행동의 정립' 단계로도 나아가지 못한다.

그 결과 '평범한 척'으로서 사전에 결정해 놓은 행동 표출인 '평소의 사교적 미소'를 그럴듯하게 지어 보이게 되고(4장 참조), 즐거워 보이는 사람들의 대화를 생긋생긋 방관하게 된다. 때로는 '평범한 척'으로 위장하지 못하고 신기한 듯 있거나 얼어버림 그 자체인 상태로 넋이 나간 채로 있거나 하는 일도 있을지도 모른다. 지치고 집중력이 끊겨 힘든 나머지, 스윽 하고 그 장소에서 사라지는 일도 있을 것이다.

어느 쪽이든 나는 그 장소에 속하지 못하는 감각이 드는데, 이는 이를테면 눈앞에서 돌고 있는 단체줄넘기에 들어가는 방법도 타이밍도 몰라 뛰어들지 못하는 느낌과 유사하다. 그 외에도 '영화같이 스크린 저편의 닿지 않는 세계를 보고 있는 느낌'이라든지, '자신과는 상관없는 세계를 유리 너머로 바라보는 느낌', '수중에서 밖을 바라보는 느낌'이라는 표현을 나 자신도 하고, 다른 당사자들로부터도 자주 접하곤 한다.

② '행동의 정립' 단계에 있어서의 얼어버림

누구에게 무엇을 이야기할까

또 하나의 '말하지 못하는' 감각은 표출 단계에서 얼어버리는 상태이다. 이것은 외부 세계를 파악할 수 있어서 조금 여유가 있거나, 어떤 감정이 정말 고조되어 있거나 할 때 생기는 상태이다.

익숙해진 인적·물리적 환경 내에서나 조용하고 정보가 적은 공간에서는, 외부 세계의 의미를 정립하는 단계에서 얼어버리는 일이 적고 그 파악 시간이 단축된다. 그 결과 조금은 긴장을 내려놓을 수 있고, 자신이 말하는 의도나 감정이 정리되기 시작한다.

하지만 정작 '말한다'고 하는 〈행동 정립〉 단계가 되면, 나는 매번 그 방법을 모른다는 것을 알아차리게 된다. '무엇을' '어떤 말로' '어떻게' 말할까를 정하고, '말한다'는 하나의 행위로 정립하는 것이 내게는 심리적으로도 물리적으로도 정말 진입장벽이 높은 것이다.

'무엇을' 이야기하면 좋을지 정리하지 못하는 예로는, 처음 만난 사람에게 자기소개를 해야 할 상황을 들 수 있다. 이럴 때면 "'나는 어떤 존재인가"를 어느 각도에서 보아 스스로를 구분짓고, 어떻게 자기상(自己像)을 규정하여 표현하면 되는 건지'를 모르겠는 것이다.

생년월일이나 성별? 출신지나 출신학교? 취미나 관심사? 매일 생각하고 있는 신념? 유치원 시절의, 혹은 초·중·고·대학 어느 시점엔가의 나? 엄마로서의 나? 장애를 느끼고 있는 나? 등등. 이처럼 나 자신을 구분짓는 방법이 많이 떠올라 그 장소에 어울리는 '자신의 캐릭터'를 하나로 결정하지 못하게 되고, 대략적인 화제나 주제의 설정 단계에서 얼어붙는 상태가 되어 버린다.

그 외에도 '무엇을' 이야기할까라는 대략적인 화제나 주제는 정해져 있지만, 그것을 상대에게 통하는 언어로 전달하기 위해서는 시간의 축에 따라 이야기의 흐름을 만들고, 단어를 고르고, 주어 술어 수식어 등을 문법에 맞게 나열하는 작업을 해야 한다. 그러나 나는 이 각각에 시간이 소요되고 제때에 정립되지 않아, 발화에 쫓겨 더듬거리거나 내용을 빠뜨리고 표현하는 일이 있다. 이것은 '어떻게 문장을 구성하면 되는 걸까'를 모르는 예일 것이다. 말하기 위한 대사를 잘 만들어내지 못한다고 하면 알기 쉬울까.

대사가 정해져 있어도 그것을 '어떠한' 억양, 시간, 크기로 발성할까로 또 얼어있게 된다. 큰 목소리로 확실하게 전달해야만 할 때, 익숙한 장소여도 낯선 사람이 있을 때, 집단 속에서 말해야할 때 등, 여러 상황에서 '이 장소에 적합한 위화감 없는 자신의 표출은 어떠한 상태인 걸까' 하며 당황한다. 이어서 선택지가 몇 가지나 떠올라 머릿속이 포화되고, 빠르게 하나로 결정하지 못해 어쩔 줄을 몰라하게 된다.

사람은 왜 목소리를 낼 수 있는 것일까

그리고 아무래도 나의 경우 '어떻게' 말을 할 것인가라는 얼어버림이

발달장애 당사자연구 자폐인이 몸. 그리고 세계와 관계맺는 방식

특히 '발성' 행위에서 크게 나타나는 듯하다. 표정이 굳어지거나 동작이 어색해지는 행위로 얼어버림이 생기곤 하는데, 가장 지장이 있는 것은 가슴이 죄어와서 목이 긴장하고, 호흡이 옅어져 성대를 닫을 수 없는, 즉 목소리를 만들어 낼 수 없게 되는 때이다. 목소리를 낼 수 없다고 하는 것은 의사소통이라는 상호간 행위를 교착시켜버리기 때문에 나와 상대방 모두가 인지할 수 있는 '문제행동'으로 드러나기 쉽다.

어떻게 사람들은 '정확히 딱 좋은 발성'을 편안히 결정하고 말할 수 있는 것일까. 나의 경우는 '어느 정도의 성량으로?' '어떤 목소리의 성질로?' '목소리의 톤은?' '말투는?' '어떤 억양으로?' '어떤 시점에?' '호흡과의 균형은?' '어떤 표정을 지으면서?'와 같은 대량의 결정을 해야만 하는 구체적인 항목이 매번 나타나, 그러한 행위를 모두 더듬고 가다듬어 '발성'이라는 하나의 행동으로 묶어내야만 한다. 이것이 정말로 한숨이 나올 정도의 부담인 것이다.

나에게 있어 발성은 '남들의 몇 배나 되는 시간과 노력을 들이면, 남들의 몇 분의 일 정도는 될 거야'라는 극도로 연비가 나쁜 상품이다. 그리고 이와 같은 상태일 때는 수어가 도움 된다는 것을 이미 짐작할 수 있을 것이다.

매일이 리사이틀?

코메야마 씨가 쓴 『목소리 호흡법』에 의하면 말이나 노래로 표현되는 목소리의 응용 범위는 매우 넓지만, 그것들의 변화 전체는 기본적으로 목소리의 '고저' '강약' '지속' '음색'의 4개로 집약된다. 그의 저서에서는 "목소리를 만드는 첫 시작은 숨의 조절로부터 출발하며, 호흡의 조절은 꽤 복잡한 신경 지배를 받고 있다. 그렇기에 호흡을 잘 다루려면 몸 전체 각 부위의 움직임을 어떻게 할지, 즉 자세를 취하는 방법이 중요한 토대가 된다. 다만 이를 위해서는 생리적인 운동 기능과 심리적인 정동 기능 간의 움직임이 반사적으로 연동될 수 있을 때까지 훈련해야 하며, 그렇지 않으면 실천적으로는 도움이 되지 않는다"고 나와 있다. 이는 교사나 가수나 연기자 등 목소리를 생업으로 하는 사람들을 대상으로 서술되어있는 이야기이며, 여기서 말하는 '실천적으로 도움이 된다'란 직업으로서의 실천 측면을 가리키는 것으로 파악할 수 있다.

하지만 나로서는 그의 말이 '그래그래, 그 말 그대로야. 거기까지 의식하지 않으면 실제로는 도움이 되질 않지'하고 깊이 수긍된다. 물론 이 때 내가 생각하는 '실천'이란 일상 회화이다. 즉 나는 일상생활의 발성 조정에 있어서, 프로 성악가의 평균적 의식과 고통을 수반하고 있다고도 생각할 수 있다. 여기에 나의 장애 체험의 양적인 무게가 나타나 있다고 할 수 있지 않을까?

현재의 나

현재의 나는 극히 제한된 사람만 만나는 것으로 스스로의 부담을 줄이려 하고 있다. 수어를 사용해도 상관없는 친구나 지인, 자폐권(自閉圈) 당사자 집단, 내가 상대의 미세한 행위나 의도를 충분히 파악하고 있고, 관계가 안정되어 있는 가족 등이 나의 마음 둘 곳이다. 그러한 곳에서는 내가 의미나 행동을 정립하지 못하는 일로 입 다물고 있는 일도, 말더듬는 화법을 쓰게 되거나, 방에 틀어박혀 있거나, 목소리를 내지 못해 수어를 섞어 표현하게 되는 일도, 혹은 외부 세계를 파악하게 되어 안심함에 따라 서서히 목소리가 나오게 되고 말할 수 있게 되는 일도 받아들여진다. 이와 같은 '탈(脫)사교(=탈'평범한 척')'의 표출이 통용되고, 나를 위선적인 배려로 치켜세워주지도, 멸시의 눈빛으로 깔보지도 않는 관계. 그것이 내가 존재할 수 있는 거처의 중요한 요소다.

그러나 어느 정도 익숙해져 있고 안심할 수 있는 사람이나 장소여도, '상대의 표출', 즉 '캐릭터'도 항상 같다고는 할 수 없다. (나는 '사람은 어제와 같은 사람이라고는 할 수 없어'라는 표현을 하곤 한다.) 전에 만났을 때는 복권이 당첨되어 재수가 좋았을지도 모르고, 이번엔 이빨이 아파서 불쾌할지도 모른다. 이전에 호의적으로 나를 보아 주던 사람도 이번에는 내가 싫어진 상태일지도 모른다. 또한, 모인 구성원이 바뀌면 사람들은 캐릭터가 바뀐다. 사물의 위치가 이동한 것만으로도 두근거리면서 불쾌해지는데, 사람의 변화라는 것은 그 이상으로 유동적이고 변화가 많으며 읽기 힘들다.

이와 같은 타자의 변화에 대해 일반적으로는 무시하고 지내거나 미세한 조정만으로도 효과를 보거나 할지 모른다. 그러나 나의 경우는 이러한 변화를 느끼게 된 순간, 분명 스스로에게 익숙할 일상의 환경조차 전혀 모르는 환경이 되어 버렸다는 공포를 맛본다. 그 장소가 어떤 모습인지 모르게 되어버리는, 외부세계에 대한 〈의미의 정립 패턴〉이 해제되는 상태까지 되돌아가 버려, 불안과 긴장이 생기고 곧이어 행동의 표출은 사라지게 되어 버린다.

3. 들을 수 없는 사람들의 문화에 근거한 지원

그럼 〈의미 정립〉 단계와 〈행동 정립〉 단계의 두 가지 '말할 수 없는 감각'과 관련하여, 수어가 이에 대해 지원이 되었던 점과 그렇지 않았던 점에 대해 살펴 보도록 하자. 사실 정확하게 말하자면, '수어에 의한 지원'이라 단순히 말하는 것에는 불편감이 있다. 보다 정확히는 '내가 살아온 1990년대의 듣지 못하는 학생 문화에 의한 지원'일 것이다. 이에 이하에서는 들을 수 없는 사람들의 문화와 그 역사의 단편을 함께 언급하고자 한다.

3.1. 〈의미 정립〉의 지원

앞서 말한 바와 같이, 〈의미 정립〉 단계란 나에게 있어 '수어를 지원 수단으로서 사용하기 이전의' 단계다. 즉, 정보 입력 단계에서 나는 (들을 수 없는 사람들과는 달리) 음성 정보를 입력할 수 있으며, 수어 쪽이 음성보다 알기 쉬운 것도 아니다. 왜냐하면 수어를 읽고 이해하는 작업이란 (당연하게도) 정보가 늘어나는 것이며, 따라서 시각에서 정보를 얻는 것이 쉽지 않은 내게 감각포화가 일어나기도 쉬워지기 때문이다. 그렇기에 나는 사실 수어를 보고 이해하는 것에 있어서 음성 언어를 들을 때보다도 더 불리한 조건에 처해있다.

따라서, 음성 언어가 시각 언어를 '대신하는' 것만으로는 의미 정립의 향상도, 즐거운 대화에 들어가는 것도 대체로 기대할 수 없을 것이다. 오히려 시각 언어를 사용함으로써 음성 언어를 쓸 때보다 소외의 정도가 더 악화되는 경우도 생긴다. 예를 들어 친하지 않은 상대 앞에서는 내 수어 동작의 패턴을 잊어 버리기도 하고, 상대의 수어가 길어지거나 하면 빠르게 감각포화에 빠진다. 마치 횡설수설하는 외국어를 듣는 듯 수어 언어로서의 의미가 해체되고, 철벅거리며 단순히 빠른 손의 움직임이 되어 버리는 것이다.

하지만 그렇다 해도 듣지 못하는 사람들의 세계 쪽이 압도적으로 나의 〈의미 정립〉에 있어서 도움이 되며, 장벽 해소로 인해 편해지는 면이 있다.

복수의 정보에 의한 정보 보장

지원의 첫 번째는 '정보 보장'이다. 듣지 못하는 세계에 있어서 정보 보장이란 '음성 정보(언어)를 시각 정보(언어)로 대신하는' 것이며, 크게

발달장애 당사자연구 자폐인이 몸, 그리고 세계와 관계맺는 방식

나누어 '수어 통역'과 '문자 통역' 두 가지 방식이 있다. 듣지 못하는 사람이 있는 것을 전제로 한 환경에서는 이 두 가지 방식의 정보 보장이 이루어지는 것이 기본이 되며, 나는 이로부터 크게 도움받고 있다. 다만 수어 통역과 문자 통역이 제각각 나에게 지원하고 있는 내용은 다르다.

❶ 수어 통역: '복수의 언어정보'로 의미를 추린다

수어 통역의 역할은 들을 수 없는 사람들을 대상으로 〈동일 내용'에 대해 '동시성'을 갖고 '대체 언어 정보'를 보장하는 것〉이라 할 수 있을 것이다. 하지만 나는 들을 수 없는 사람들과는 다른 측면에서 수어 통역을 파악하며 그것을 지원 수단으로 활용하고 있다. 그것은 〈동일 내용'에 대해 '동시성'을 갖고 '복수의 언어 정보'를 보장하는 것〉이다.

앞서, 정보의 입력에 있어서 시각 언어를 음성 언어의 '대신'으로 하는 것은 나에게 있어서 오히려 불리하다고 서술하였다. 하지만 '대신'으로서 사용하는 것이 아니라 음성에 수어를 덧붙여 '양쪽을 동시에' 표현했을 때, 신기하게 정보가 늘고 있는데도 감각포화는 되지 않고 재빠른 의미 이해로 연결된다. 이것은 왜일까. 나에게는 음성 언어를 '들을 수는 있지만 의미의 파악은 자신이 없는' 상황이 자주 있다. 그럴 때 음성과 동시에 수어라는 시각 정보도 들어오면, 동일 내용이 별개의 표현 방법을 통해 다각적으로 표시된다. 이를 통해 문장의 의미를 정확하게 추릴 수 있어 '아아, 확실히 내가 파악한 의미가 맞구나' 하고 내용을 확인할 수 있다.

이는 나를 매우 안심시킨다. 즉, 음성 대신에 수어를 사용하는 것만으로는 단일한 언어정보 상태일 뿐이기에 나를 지원하지 못 하지만, 음성 언어와 시각 언어 각각이 복수의 표현 방법으로 나타나게 되면 마치 두 개의 조명이 말하는 내용에 빛을 비추는 것처럼, 두 개의 빛이 겹친 부분에서 보다 선명한 내용의 의미가 떠오르는 상태가 된다. 따라서 내가 수어 통역을 통해 지원받는 것은 좀 더 시각적인 이미지로 변환된 수어 통역이 사용될 때라고 말할 수 있다. 음성 언어와는 거리가 먼 시각 언어가 별개의 언어로서 다가옴으로써 둘 간 차이가 명확해지고, 이로써 내용을 체크하고 간추리기 좋은 수단이 되어 주는 것이다.

반면, 음성 언어를 그대로 '직역'하는 수어 통역일수록 나에게는 동일 내용이 시간차(時間差)로 반복되는 잡음에 지나지 않게 되어 감각포화가 되기 때문에, 오히려 의미를 모르게 된다.[27] 이런 수어 통역은 나로서는 보지 않는 편이 낫다.[28]

또한 화자의 음성에 포함되는 감정의 단편조차도 절묘하게 표정에 옮기는 수어 통역자가 가끔 있는데, 이와 같은 수어 통역자와 직면했을 때 이는 내게 극적인 지원이 된다. 나는 언어적인 내용보다도 감정이나 의도 쪽이 알기 어려워 불안한 적이 많았기에, 수어 통역자의 이러한

---

27) [옮긴이 주] 여기서 말하는 '직역된 수어 통역'이란, 음성 언어의 어순이나 구조를 그대로 수어로 옮기는 방식을 의미한다. 이러한 방식은 음성과 시각 정보가 표현 방식만 다를 뿐 의미 수준에서 완전히 겹치게 되어, 청자인 화자가 두 가지 언어 표현의 차이를 이용해 의미를 확인·확신하는 것을 돕지 못한다. 특히 음성 언어에 기반한 의미 정립의 어려움이 있는 화자는, 중복된 정보가 시간차를 두고 입력됨으로써 오히려 인지적 혼란과 감각적 과잉을 유발하게 된다고 말하고 있다.

28) 들을 수 없는 사람이 사용하는 수어는 크게 두 개로 나뉜다. 음성 언어로서의 일본어를 하며 그것에 수어를 첨가해 가는 형태를 취하는 '일본어 대응 수어'라 불리는 것과, 시각 언어로서의 독자적 문법에 따른 '일본 수어'라 불리는 것이다. 그리고 그 사이를 채우듯 각자가 갖는 성장 배경, 가치관, 소속되어 있는 커뮤니티나 생활환경에 의해 개개인은 다양한 수어 스타일을 취하고 있다. 실질적으로 수어는 일본어 대응 수어에서 일본 수어까지의 스펙트럼으로 되어 있다고 해도 무방할지도 모른다. 이것은 바꾸어 말하면 음성 언어에서 시각 언어까지의 스펙트럼이라고도 할 수 있겠다. 수어를 사용하는 방식 또한 '상대가 어떤 사람이더라도 나는 이 수어를 사용한다'라고 한 가지로 결정지은 사람도 있는가 하면, 몇 가지 패턴으로 바꿀 수 있어서 상대에 따라 구분지어 사용하는 사람도 있다. 1990년대에 내가 학생으로서 '들을 수 없는 문화'에 관여하고 있을 무렵, 통합 교육을 겪은 들을 수 없는 학생의 커뮤니티에서는 '일본어 대응 수어' 또는 일본어 대응 수어와 일본 수어의 '중간적 수어'가 사용되는 경우가 많다고 여겨졌고, 실제로도 그랬다고 생각한다. 100% 원어민 '일본 수어'를 보는 것은 드문 일이었다.

발달장애 당사자연구 자폐인이 몸, 그리고 세계와 관계맺는 방식

'감정 통역'이라고 해야 할 법한 것이 있을 때는, '말하는 사람의 감정은 내가 받아들인 대로구나'라는 것을 확인할 수 있게 된다. 이런 때는 불안이 해소될 뿐 아니라, 두근거리는 '앎의 기쁨'과 '사람과 이어지는 기쁨'이 찾아온다. 그 때문에 '감정 통역'을 잘하는 수어 통역자와 만나면 그 사람은 나에게 '은근히 마음에 드는 사람'이 된다.

그렇다고는 해도 이러한 감정의 통역을 '적절하게' 행할 수 있는 수어 통역자는 적다. 대개는 감정의 표현이 하나인 상태로, 계속 웃는 얼굴이거나 계속 무표정이거나 한다. 그러한 수어 통역자의 감정 통역은 위화감밖에 들지 않고, 오히려 '내가 화자로부터 받아들이고 있는 감각이 틀린 걸까'하고 불안해 진다.

물론 여기서 말하는 '감정 통역'은 듣지 못하는 사람들의 1차적 욕구가 아님을 알아두어야 한다. 어디까지나 수어 통역의 제1목적은 정확하게 내용을 전하는 것이다. 감정의 통역은 2차적인 것이며, 또한 수어 통역자의 주관이 들어가기 쉬운 부분이기 때문에, 충분히 조심해야만 할 것이다.

❷ 문자 통역: 보존성이 높다

정보 보장의 두 번째인 '문자 통역'이란 음성을 문자로 변환하는 정보 보장행위다. 10년 전에는 수기(手記)가 주류로 OHP[29]로 찍거나 노트에 적거나 하곤 했지만, 지금은 완전히 컴퓨터가 주류가 되어 속도가 올라가고 동시성이 높아졌다. 이러한 통역이 있으면 말하고 있는 내용이 순식간에 사라지는 것이 아니라 길게 머물게 되어 보존성이 보장된다. 그 덕에 '듣기만' 혹은 '보기만' 하는 상태보다도, 지긋이 자신의 페이스로 내용을 확인할 수 있다. 의미의 정립이 느린 나에게 있어서 이 문자

---

29) [옮긴이 주] OHP(Overhead Projector)는 문자나 도형 등을 확대 투영하는 시청각 교육 장치를 말한다.

통역은 화자의 단어가 음성 언어인지 시각 언어인지에 상관없이 꽤 도움을 주는 수단이다.

되묻기가 OK인 문화

들지 못하는 사람들의 문화가 나의 〈의미 정립〉을 지원하는 두 번째 측면은 '모를 때는 되물어도 되는 관계'이다. 대부분의 듣지 못하는 사람은 들을 수 있는 사람들이라는 다수에 둘러싸여 학교생활이나 사회생활을 하며, '들을 수 없어서 알 수가 없는' 소통 불능을 경험하고 있다. 즉, 그들은 나와 같이 〈의미 정립〉이 불가능하다는 경험을 공유하고 있는 사람들이라 할 수 있다.

내가 지냈던 1990년대의 들을 수 없는 학생 단체는 태반이 통합교육(농학교가 아니라 들을 수 있는 사람들이 있는 이른바 '일반 학교'에 다니는 것) 경험자이며, 대학 생활에 있어서도 정보 보장이 없고 수업의 내용을 알 수도 없다는 곤경을 겪고 있었다. 그런 그들이 수어 서클 등에서 수어를 학습하는 들을 수 있는 학생에게 권유하는 말로, '수어를 모를 때는 모르겠다고 되묻자'라는 것이 있었다. '뭐라구? 한 번 더 말해줘.' '잘 모르겠어요. 어떤 의미인가요?' '그 수어 뭐야? 무슨 말인지 모르겠는데.' '지금 무슨 이야기 하고 있었어?' '천천히 부탁해요.' '그건 이런 의미인가요?'라는 식의 솔직한 '되묻기가 OK인 문화'가 존재했던 것이다. 이러한 문화는 소통 불능을 전제로 하여 서로 간의 의미를 확인해 나가는 공간이 되어 주었다.

들을 수 있는 사람끼리의 세계와 비교하면, 들을 수 없는 사람들의 세계에는 이 '되묻기 OK'의 의사소통 규칙을 채택하고 있는 사람이 많이 존재하며, 실은 이것이 나를 크게 돕고 있다. 나의 경우는 단순히 수어를 읽지 못한다는 것 뿐 아니라, 수어는 읽을 수 있지만 내용·맥락·재미를

발달장애 당사자연구 자폐인이 몸, 그리고 세계와 관계맺는 방식

모르는 단계인 경우도 많다. 하지만 이 되묻기가 용서되는 환경 속에서는 확인 작업이 가능해져 '알게' 되는 것이다.

'농(聾)문화 선언'의 여파

1995년 일본에서 '농(聾)문화 선언'30)이 발표되었을 때, 나는 아직 재학 중이었으며 들을 수 없는 학생 커뮤니티 속에 있었다. '수어는 정식 언어이다'라는 제언이나, 데프 패밀리(Deaf family, 농 집단) 및 농학교 출신자 등을 모체로 하는 '시각 언어로서의 일본 수어'를 사용하는 커뮤니티를 독자적 하위 문화로 여기자는 주장은 획기적이었으며, 일본의 들을 수 없는 사람들과 그들의 세계에 파문을 일으킨 대혁명이었다.

그로부터 10년 이상이 지난 오늘날, 물론 여전히 여러 문제를 겪고 있지만, 들을 수 있는 세계에서의 수어나 농인의 인지도는 눈부시게 향상됐다. 현재는 일본 수어를 사용하여 수업을 진행하는 학교도 설립되기에 이르러, 이 일련의 운동에 대해 나는 경의를 표하고 있다.

다만 개인적인 체험으로서 이 '농문화 선언'이 당시의 나에게 무엇을 초래했는가에 대해 조금 말해 두고자 한다. '농문화 선언' 전부터도 농(聾) 선배들의 사상은 서서히 들을 수 없는 학생들 속에 스며들어 강하게 영향을 끼치곤 했다. '일본어 대응 수어로 음성을 내면서 이야기한다니, 들을 수 있는 세계에 영합(迎合)하려는 태도야. 그런 거 이상해.' '이제부터는 목소리 내는 건 관두자.' 그 무렵까지도, 들을 수 없는 학생들의 공용어는 음성 언어로서의 일본어와 수어를 동시에 병용하는 것이었지

---

30) [옮긴이 주] 1995년, 일본농인연맹은 '농(聾)문화 선언'을 통해 농인을 단순한 청각장애인이 아니라 일본수어(Japanese Sign Language)를 사용하는 언어적·문화적 소수자로 천명하였다. 이 선언은 의료적·재활적 관점에서 벗어나 농인의 문화적 정체성과 자립성을 강조하며, 일본 수어의 언어적 지위 회복과 청인 중심 문화에 대한 비판을 담았다.

만, 어느 날을 경계로 하여 순식간에 음성을 동반하지 않는 수어로 변화해 갔다. 처음은 단지 음성을 동반하지 않게 되었을 뿐 음성 언어의 문법이나 단어를 베이스로 한 수어 그대로였지만, 머지않아 거기에 시각 언어로서의 문법이나 단어가 차례로 투입되어 수어가 변화해 간 것이다.

당시의 나는 음성으로서의 일본어와 동일 내용의 수어가 동시 병용됨으로써, 청각과 시각이라는 별개의 각도에서 포착한 복수의 정보를 얻을 수 있어 의미를 좁힐 수 있었다. 그 덕에 즐거운 분위기의 대화에까지는 끼어 들어가지 못했어도, 음성만 사용되는 커뮤니티에 있을 때보다는 화자가 전달하려는 내용을 파악하기 쉬웠다. 이러한 내게 공용어가 시각 언어만으로 되어버린다는 변화는 상당히 심각한 타격이었다.

또, '모르면 되묻는다'는 분위기도 변화해 갔다. '농문화 선언'이 거기까지 의도했는지 아닌지는 일단 차치하고, 스스로의 하위문화를 주장하고 그것을 관철하는 자세는 '수어를 모른다면 모르는 사람이 나쁜 것', '모른다면 들을 수 있는 사람들이 공부해서 이쪽의 언어를 익혀야지'라는 태도를 (많든 적든) 들을 수 없는 학생들 사이에 불러일으켰다. 결과적으로 수어나 대화의 내용을 몰라도 되묻지 못하게 되는 분위기를 나는 피부로 느낄 수 있었다.

이리하여 내게 있어서 두 가지 지원이 되었던 '복수의 정보에 의한 정보 보장'과 '되묻기 OK인 문화'는, 들을 수 없는 학생들의 세계에서 큰 폭으로 소실되어 갔다. 지금 생각하면 당시의 들을 수 없는 학생들 사이에서는 농인으로서의 정체성에 긍지를 갖은 선배들을 향한 동경과, 그곳에서 튕겨져 나가는 것에 대한 초조함이 섞여 시각 언어로서의 수어를 배우기 시작한 것일지도 모른다.

당시 이 새로운 물결의 도래에 의해 더욱 더 소외되어 당황하고 있던 나는, 듣지 못하는 학생들이 익히기 시작한 '시각 언어로서의 수어'를 황급히 배우기 시작했다. 시각적 공간 파악에 약해 음성에 의한 내적 언어에 따라 개념이나 사고를 열심히 구축해 왔었기에, 나는 시각적 개념으로 생각한다는 감각을 알게 되기까지 꽤 시간이 걸렸다. 그리고 마침내 그 감각을 알게 되었을 때에는 '시각 언어로서의 수어'의 습득에 있어서의 나 자신의 한계도 동시에 이해하게 되었다. 그 이후, 나는 자신이 쓸 수 있는 범위의 수어를 사용해 나가기로 결정했다.

그 후 다들 사회인이 되고서, 듣지 못하는 학생들의 동향은 여러 개로 나뉘었다. 농문화의 세계에 뛰어든 사람, 농문화에는 소속되지 않는 '통합교육 경험자'라는 커뮤니티에 정체성을 두는 사람, 농인의 세계와 청인(聽人)의 세계의 양쪽을 알며 둘 모두에 관대한 중계자의 입장을 취한 사람, 들을 수 있든 없든 구애받지 않고 취미의 세계로 나아간 사람 등등. 제각각 자신에게 맞는 입장을 모색하여 지내고 있다.

그런 가운데 지금도 관계를 지속하고 있는 들을 수 없는 친구나 지인들이 나와 이야기를 할 때의 수어는 정말로 제각각이다. '들을 수 있는 사람에 대해서는 음성 언어에 가까운 수어를 사용하여 목소리를 내기도 하지만, 들을 수 없는 사람끼리라면 시각 언어에 가까운 수어를 사용한다'며 쓰임새를 구분짓는 사람, 들을 수 없는 사람에 대해서도 시각 언어의 수어를 사용하는 사람, 수어는 사용하지 않고 음성 언어만으로 말하는 사람, 필담을 사용하는 사람 등등, 제각각의 입장에서 의사소통을 하고 있다.

이들의 음성이나 수어 중에는 내가 알기 쉬운 것도 있는가 하면, 알기 힘든 것도 있다. 하지만 관계를 지속하고 있는 사람들에게 공통된 점은, 한편으로는 스스로가 경험해 온 소통불능의 쓸쓸함이나 고독감 등의 아픈 감각을 잊지 않고, 다른 한편으로는 들을 수 있는 사람과의 소통을 포기하지 않고 이해하려 하는 태도라고 단언할 수 있다.

나를 잘 아는 들을 수 없는 친구들은 여러 상황에서 의미 정립이 되지 않고 얼어버리는 나에게 수어로 '지금 이야기 알겠어?' '쟤는 이렇게 말했는데, 사실은 이렇게 생각하고 있는 거야' 하고 통역해 주고 있다. 거기에는 지금도, 감정 통역을 내포한 '정보 보장'과 '되묻기가 OK인 문화'가 존속되고 있다.

3.2. 〈행동 정립〉의 지원

'말하지 못하는 자신'을 인정해 보면

대학을 졸업하고 10년 후에 '아스퍼거 증후군'이라는 진단을 받은 나는, 아스퍼거 증후군이나 자폐 스펙트럼이라는 개념을 통해 겨우 '아무개인 사람'으로서 안정된 위치로 한 걸음 나아갔다. 또 그러한 새로운 개념에 의해, 지금까지의 '말하지 못하는 자신'에게도 조금은 이유가 존재할 가능성이 높아졌다.

그렇다면 '자신은 들을 수 있는 사람인 주제에', '수어는 들을 수 없는 사람들의 언어니까', '나는 수어 통역도 못하는데'라 생각하고 위축되어 수어를 사용하는 것이 아닌, 차라리 '말하지 못하는 것은 나의 장애야'라고 인정해 버리고 그 위에 수어를 '나의 소통을 지원하는 장치'로 당당하게 사용하자는 데에 생각이 미치게 되었다. 그 이후, 나는 들을 수 있는 사람만 있는 장소여도 수어가 가능한 사람이 있다면 수어를 사용하고, 누군가에게 수어를 읽어 음성화하는 통역도 받으며 자신의 언어로서 수어를 적극적으로 사용하게 되었다. 또 목소리도 무리해서 내지 않고, 때로 나오기도, 때로 안 나오기도 하는 것으로 받아들여 버리기로 했다.

그러자 머지않아 다음과 같은 사실을 알게 되었다. 내가 목소리를 낼 수 있는 정도는 시시각각 바뀌는 인적·물적 환경에 의해 '초 단위'라고

발달장애 당사자연구 자폐인이 몸, 그리고 세계와 관계맺는 방식

할 수 있을 정도로 섬세하게 변동하고 있었다. 대략적으로 '긴장에 의해 목이 죄어와 말하지 못한다'라는 인식은 있었지만, 나의 목소리는 생각하고 있던 것보다도 훨씬 나의 긴장도의 정밀한 표지가 되고 있었다. 방금 전까지 평범하게 이야기하고 있었음에도, 모르는 사람이 들어온 순간에 말을 더듬거리게 된다. 방금 전까지 전혀 말할 수 없던 것이, 이야기를 듣고 크게 웃고 난 후부터 조금씩 목소리가 나오기도 한다. 나의 발성기관을 담당하는 근육은 내가 긴장을 자각하는 것보다 더 빨리 환경에 대한 나의 긴장도를 반영하고, 더욱 정확하고 미세하게 목소리를 낼 수 있는 정도를 결정하고 있던 것이다.

나의 발성 그라데이션

이와 같이 나의 발성 상태에도 그라데이션이 있다. 이를 크게 분류하면,

❶ 수어도 목소리도 사용하지 못하는, 전혀 말하지 못하는 상태

❷ 목소리는 나오지 않지만, 수어만을 사용하여 말할 수 있는 상태

❸ 수어와 함께 더듬대며 말할 수 있는 상태

❹ 남들만큼 목소리만으로 말할 수 있는 상태

의 4단계가 된다.

❷와 ❸의 단계는, 여태까지 목소리만을 사용하고 있던 표현 상황이라면 '말을 못하겠다', '말하는 방법을 모르겠다'라는 식이 되어버려 조용히 아무 말도 하지 않던 상태이다. 하지만 수어를 사용하는 것을 통해 이 단계가 '목소리에 의존하지 않고 말할 수 있는 상태'로 변화되었다. 즉, 의사소통이 가능한 상태가 압도적으로 늘어난 것이다. 이것은 나의 자유도를 꽤 올려주었다.

하지만 그것만은 아닌 모양이다. 친구 입장에서는 내가 수어로 말하고 있을 때가 음성 언어로 말하고 있을 때보다도 훨씬 대화라는 '단체 줄넘기에 들어와 있는' 것처럼 보이는 듯하다. 친구가 보기에는 내가 수어로 말하는 경우에 좀 더 대화의 리듬에 맞춰 가는 느낌이나, 의기양양한 느낌이 있다고 한다. 확실히 수어로 말하고 있을 때가 음성으로 말하고 있을 때에 비해 조금이나마 타자로부터 '보이는 사람'이 되어가는 느낌이 든다. 이것을 대화의 장에 들어왔다는 느낌이라고 하는 걸까.

또한 ❸의 '수어와 함께 더듬거리며 말할 수 있는 상태'에 있어서의 목소리 변화도 긴장도에 따라 점진적으로 변화하는 것을 알게 됐다. 최고도의 긴장으로 목소리를 낼 수 있을지 없을지가 아슬아슬할 때는 수어를 사용하면서도 목의 힘을 쥐어짜 무리하게 성대를 닫고, 어떻게든 ('목소리'라기보다) '음성'이라 할 법한 것을 내는 형태가 된다. 이 단계에서는 음성을 내는 것만으로 머릿속이 꽉 찬 상태로, 앞서 서술한 목소리의 4개 기본요소인 '고저' '강약' '지속' '음색' 어디에도 의식을 향하지 못하고 조정도 하지 못한다. 그 결과로 평탄하고 억양이 없는, 띄엄띄엄 성량이 부족한 불명확한 발음의 발성이 된다.

서서히 긴장이 풀려오면, 의식하지 않아도 단계적으로 성대를 조정할 수 있게 되어간다. 억양이나 음량이 정리되기 시작하고 호흡과의 타이밍도 맞아 긴장도가 가장 낮아지는 단계에는 혀만이 잘 조정되지 않는다. 모음은 만들 수 있지만 자음 조정이 되지 않기 때문에, 발음이 불명확한 상태로 남게 된다. 이와 같은 나의 말투는 아직 말하기 조정이 마음대로 되지 않아 능숙히 말하지 못하는 유아의 말투, 즉 혀 짧은 소리로 발음이 이따금씩 불명확해지는 말투나, 말을 하기 위해 뿜어내는 숨이 거칠고 때로 필요 이상으로 성량이 커지는 말투와도 닮아있다.

발달장애 당사자연구 자폐인이 몸, 그리고 세계와 관계맺는 방식

발성에서도 들을 수 없는 사람들이 본보기가 된다

이와 같은 스스로의 단계적 목소리 변화에 대한 이해는, 들을 수 없는 많은 학생들과의 교류를 통해 내 내면에서 완성될 수 있었다. 4장에서 본 바와 같이 타인들의 동작에 휘둘리기 쉬운 나는, 처음은 확실히 '침입'되는 형태로 들을 수 없는 학생들의 말투를 따라 하게 되었다. 이 침입에 대해 지금까지의 나는 '들을 수 있는 다른 학생들은 들을 수 없는 학생들의 수어는 따라 해도 발성까지 흉내 낸 적은 없는데, 나는 왜 거기까지 흉내를 내버리는 걸까. 너무 따라 하는 것 아닐까'하고 생각하곤 했다. 이런 나의 모습은 스스로도 이해할 수 없었으며, 결국은 나 자신을 [이상한 사람으로] 수상히 여기곤 했다.

하지만 이번에 당사자연구를 해 가면서 하나의 대답에 도달했다. 듣지 못하는 사람들의 발성까지 흉내 내 버리는 것은, 무의식중에 나의 내면의 같은 감각을 탐지해 내고 있었기 때문이라는 것이다. 그들과 함께 활동하는 사이에 사실은 어느샌가 '나도 이러한 발성법을 사용하면 된다', '이런 발성도 있다'하고, 내 자신의 발성 모델로서 그것을 기억하고 있던 것이다.

들을 수 없는 사람들은 들을 수 있는 상태가 사람에 따라 여러 가지이기 때문에, 말하는 훈련의 결과로서 습득할 수 있는 음성도 사람에 따라 다르다. 성대의 개폐법을 모르고 소리 그 자체의 발성법부터 모르는 사람이 있는가 하면, 억양까지는 알지만 자음에서 혀 움직임이 애매한 사람도 있다. 한편 나도 '말하는 것에 대한 무지'에 있어서는 들을 수 없는 사람들과 질적·양적으로 같은 것은 아닌가 하고 생각한다. 다만 나의 경우는 긴장 정도에 따라 소리를 내는 법을 모르는 정도가 스펙트럼으로 점진적으로 변화하고, 발성 기관을 어디까지 조작할 수 있는가가 바뀌는 것이다.

아직 들을 수 없는 학생들이 목소리 발성과 함께 수어를 하고 있을 즈음, 많은 들을 수 없는 학생들의 말투를 들으며 내 안에 여러 발성법의 본보기들이 쌓여 갔던 것 같다. 그 속에서 아마 나는 스스로의 목소리를 조작하지 못하는 정도에 따라 '성대가 닫히지 않을 때는 M씨나 T씨의 발성이 딱 내 느낌에 맞아', '혀가 잘 움직이지 않는 상태에는 A씨나 R씨의 말투가 내 감각에 맞아'하고, 여러 정보를 단계적으로 다시 정렬하여 자신의 것으로 삼았을 것이다. 그렇게 하는 것으로 내 내면에 있는 각각의 말하지 못하는 감각에 일대일로 대응하는 딱 좋은 발성법을 정할 수 있었던 것이다.

'침입'에서 '거두어들임'으로

이를 통해 나는 발성기관의 긴장 상태가 변화할 때마다 '대량의 행동 선택지가 나열되어 어떻게 말을 해야 좋을지를 모르게 되고, 전혀 말할 수 없다'라는 상태까지 가지 않고 빠져나올 수 있게 된다. M씨 모델 발성에서 A씨 모델 발성으로 변화시키면 될 뿐이기 때문이다. 즉, 흉내가 아니라 참고에 가까운 것으로, 이러한 대응은 내 고유의 발성 스펙트럼을 사용하는 것이라고 할 수도 있겠다. 만약 흉내만 내고 있을 뿐이라면, 내면에 이렇게도 확고한 '이 발성 스펙트럼은 나 자신의 표현이다'라는 자신이 있을 리 없다.

만약 들을 수 없는 사람의 발성 모델이 한 명 뿐이었다면 위화감을 느끼고 침입 단계로 끝나버려 자신의 것으로 할 수는 없었을 것이다. 많은 발성 모델과 만날 수 있었기 때문에 내 안에서 발성의 스펙트럼이 생겨난 것이다. 이렇듯 시작은 〈침입〉에 의한 흉내에서 시작되었지만, 자신의 감각에 딱 맞게 하기 위해 내 내면에서 재검토하고 스스로의 〈행동의 정립 패턴〉으로서 차용하는 경우가 있다. 이것을 〈침입〉과는 다른 〈거두어들임〉이라 말함으로써 구분해보자.

4장에서 본 바와 같이, 〈침입〉의 경우는 '자신의 것'이라 하기에는

발달장애 당사자연구 자폐인이 몸, 그리고 세계와 관계맺는 방식

명백히 위화감이 있다. 몸과 마음31)이 함께 NO라고 판단하는 일도 있는가 하면, 어느 한쪽만이 거절하는 일도 있다. 그리고 어느 쪽이든 〈침입〉이란 나의 의사와는 관계없이 감각이나 기억에 파고 들어가는 모양을 뜻한다.

한편 〈거두어들임〉의 경우는 몸과 마음이 함께 OK 신호를 낼 때만 일어난다. 이는 움직임에 관련된 미세한 맥락이나 의도 전체를 '거둬들이는' 것으로, 자신 속에 '희미하게 있는' 감각이 증폭되고 '확실히 있는' 감각으로 바뀌게 되어 (〈침입〉에서의 위화감이 아닌) 승인의 기쁨이 찾아온다.

질적으로는 같아도 양적으로 다르다

여기까지 말하면, '그렇게 목소리를 내는 게 부담이라면 수어가 필요하다고 생각하는 것도 무리는 아니네'하고 이해를 해주는 사람이 늘지도 모른다. 반면 '그 정도로 말할 수 없는 감각은 나한테도 있는데, 너무 과장하는 거 아닌가요?'하고 생각하는 사람이 적지 않을지도 모른다. 그와 같은 사람에게는 '확실히 말할 수 없는 감각은 당신에게도 있을 거에요. 하지만 당신은 지금까지 불편감 끝에 수어를 익히고 싶다고 생각한 적이 있나요? 이제까지 필담을 사용해 왔나요? 목소리 이외의 대체 표현을 절실하게 필요로 할 만큼, 말하지 못하는 것에 곤란을 느껴보셨나요?'하고 다시금 질문하고 싶다.

즉, 이러한 사람들 중의 많은 경우는 곤란함이 나와 '질적으로 같아도 양적으로 다른' 것은 아닐까 한다. 이러한 관점은 이 책에 있어서 가장

---

31) 여기서 사용한 몸과 마음이라는 표현에 대해 말하자면, 우선 '마음'에 대해서는 4장에서 서술한 사령탑 같은 것을 상정하고 있다. 또한 여기서의 '몸'은, 예를 들면 '발성이 어렵다'는 등의 신체적인 제약을 의미하고 있다.

중요한 지점이기 때문에 꼭 주의 깊게 생각해 주시길 바란다. 만약 당신이 '어차피 나랑 같은 정도면서 과장하는 거 아니야?'가 아닌, '아아, 나의 말하지 못하는 감각의 연장선상에 이 사람의 말하지 못하는 감각이 있는 거구나'하고 생각해준다면 그것이 무엇보다도 마음 든든한 이해가 될 것이다.

4. 수어로 노래부르기

'목소리를 대신할 것을 찾는' 이 장의 마지막으로, 수어 노래에 대해 이야기해보자. 나에게는 목소리를 내지 못하는 것에 따른 또 하나의 열등감이 있다. 그것은 '노래하지 못하는' 것이다. 어렸을 때는 듣기에도 안쓰러운 허스키한 목소리로 음정의 폭도 좁았다. 불행인지 다행인지, 마침 나의 부모님은 대학시절에 합창 동아리에서 활동했었기에 복식호흡이나 자세, 발성법 등을 나에게 철저하게 훈련시켰다. 그것이 효과가 나타나 초등학교 3학년 무렵에는 심했던 발성은 별로 눈에 띄지 않게 되었지만, 그럼에도 열등감은 사라지지 않았다. 지금도 노래를 부르면 바로 목이 얼얼하게 아픈 것, 성량이 없다시피 한 상태, 빈약한 목소리의 질은 나에게 만족감을 주지 않는다.

한편, 나의 이러한 열등감을 불식시키는데 있어 수어 노래가 뭔가 큰 힌트를 내포하고 있는 것이 아닐까 하고 확신하고 있었다. 그렇기에 수어 노래는 긴 세월 나에게 있어 궁금한 존재였다.

책 읽는 방식의 수어 노래는 싫다

수어 노래를 마주할 기회가 해마다 늘어갔지만, 그럼에도 나는 '이것은 수어 노래가 아니야'하고 불쾌감만을 느끼고 있었다. 수어 노래를 하는 사람이란 많은 경우 수어 학습 초보자이자 들을 수 있는 사람들이었다. 이에 수어를 손 동작으로만 여기는 일이 많았고, 결국 '책 읽는 방식의 수어' 상태가 되어 있곤 했다. 그러나 노래에 수어가 동반되는 것만으로 '수어가 노래가 되는' 것이 아니다.

학교에서의 아이들의 수어 노래 발표의 경우, '수어를 모르는 학교 선생님이 가르치고, 아이들은 잘 모른 채 각자 제멋대로 외우고 있구나'라는 점을 바로 알 수 있을 정도로 대체로 수어가 잘못되어 있다. 이와 같은 수어 노래로부터는 '퍼포먼스 및 유희로서의 가벼운 수어 노래', '복지적인 대의명분을 다하는 수어 노래', '언어로서의 정확성을 무시하는 수어 노래'라는, 수어 노래에 대한 멸시가 느껴지곤 한다.

10년 전, 내 주변의 들을 수 없는 친구들의 대부분은 수어 노래에 대해 '노래 같은 거 별로 우리와 상관 없어. 들을 수 있는 사람들이 조금이라도 수어에 친숙하다면, 들을 수 있는 사람들 방식으로 좋을 대로 하면 돼'라거나, '우리들도 우리들 방식으로 노래방에 가서 노래 불러. 거기에 들을 수 있는 사람이 들어와서 음악으로서 올바른지 그른지를 이러쿵저러쿵 떠들어대면 민폐야. 서로 관여하지만 않으면 돼'라는 의견을 보이는 일이 잦았다.

하지만 나에게는 납득이 가지 않았다. 목소리나 노래를 대신할 것으로서 수어 외에도 피아노나 춤과 같은 목소리 이외의 표현방법에 필사적으로 매달려 왔던 내게 있어, '이것이야말로 수어 노래'라는 것을 찾지 못하는 불완전한 느낌이 해결되지 않았던 것이다.

찾았다! 멜로디가 있는 수어 노래

2006년 12월, 농인 여성 배우이자 댄서로 활약하고 있던 히로에 씨가 하는 '수어 노래(sign song) 워크숍' 발표회를 보러 갔다. 미국에서 농인

연극과 춤을 공부한 그녀의 수어 노래는 춤과 수어를 융합시킨 표현을 선보였고, 드디어 나는 이상적인 수어 노래를 찾았다고 느꼈다. 예를 들자면, 이는 노래하고 춤추는 뮤지컬 같은 것이기도 하다.

무용 기법의 하나인 '아테부리(あてぶり)'[32]에서는 노래의 가사에 따라 춤을 춘다. 예를 들면 '달을 본다'는 가사가 있으면 실제로 손을 이마에 대고 올려다보는 움직임을 하는 등, 가사에 맞춘 동작을 더하여 연기 움직임을 하는 것이다. 일본 무용이나 뮤지컬 등에서는 일반적인 표현 방법이며, 재즈 댄스를 긴 시간 계속해오던 나는 이 아테부리를 정말 좋아했다. 히로에 씨의 수어 노래도 이와 가까운 것이라 말할 수도 있겠지만, 무엇보다 수어를 사용하는 것이고 또한 보다 언어에 충실한 움직임이기에 이는 역시 '춤이라기보다는 노래'라 통용되고 있다.

2007년 3월에 개최된 두 번째 수어 노래 워크숍에는 실제로 참가해 보았다. 그리고 그때까지 봤던 수어 노래의 부족함과 히로에 씨의 수어 노래에서 얻은 만족감과의 차이가 무엇인가를 생각했다. 히로에 씨가 귀로 알 수 있는 것은 소리의 강약 정도라고 한다. 춤을 만들 때는 실제로 가수가 부르고 있는 영상을 보고 가수의 몸의 움직임으로부터 노래가 강조되고 있는 부분을 파악하여 그것을 토대로 덧붙여간다고 했다.

앞서 언급한 책 『목소리 호흡법』의 저자는 "노래는 표정을 가진 호흡"이자 "가락을 붙인 호흡"이며, 나아가 "노래를 동반한 행동이나 몸짓이란 호흡의 리듬과 동작의 리듬이 일치하는 것"이라 언급한다. 히로에 씨의 수어 노래 창작 방법은 이 이치에 잘 맞아 있다. 우선 노래하는 모습을 보고서 시각적으로 호흡의 리듬을 파악하고, 그것과 일치하는 동작의 리듬, 즉 수어에 기반한 춤 표현을 하는 것으로, 노래라는 운동

---

32) [옮긴이 주] 아테부리(あてぶり)란 일본 무용에서 실제로 악기를 연주하거나 노래를 부르지 않으면서, 그에 맞는 동작이나 제스처를 취하는 '흉내 동작'을 뜻한다. 주로 무대나 방송에서 음원에 맞춰 연기하듯 연주 동작이나 입 모양을 취할 때 사용된다.

을 춤이라는 운동으로 변환시키고 있는 것이라 할 수 있다.

　이렇게 생각하면 지금까지 보아 온 들을 수 있는 사람이 만드는 수어 노래는 '가사'만을 수어로 변환한 것에 지나지 않기 때문에, '책 읽는 방식의 수어 노래'로 보이는 것이라고 생각한다. 뭔가 부족한 것은 음악의 요소인 '멜로디'나 '리듬'을 신체 표현으로 변화시키지 않았기 때문이며, 그 때문에 '이런 식의 수어 노래로는 들을 수 없는 사람에게 〈노래의 즐거움이란 무엇인가〉가 전해지지 않는다'는 나의 불만이 사라지지 않았던 것이리라.

　히로에 씨의 표현은 수어로 가사를 전달하고 나아가 노래의 호흡과 맞춘 춤의 움직임에 의해 멜로디나 리듬도 전달할 수 있는 것으로 느껴진다. 그리고 이것으로 비로소 '100% 시각적으로 부르는 노래'가 되었다는 만족감이 들었다. 이는 또한, 마침내 마음껏 감정의 표현이 가능한 노래가 되었다는 만족감이라 바꿔 말할 수도 있을 것이다.[33]

움직임을 '거둬들이며' 기분을 느끼다

　수어에 춤의 요소를 훌륭히 융합시킨 점이나, 음성 언어를 선명한 시각적 표현으로 변환시킨 점 등에서 나는 히로에 씨의 수어 노래로부터 많은 감동을 받았고 배울 부분이 크다고 느꼈다. 하지만 그녀로부터 수어 노래를 배울 때 나에게 있어 가장 중요한 것은 수어를 익히는 것이 아니었다. 내가 가장 소중하게 여기고 있고 또 가장 즐기고 있는 부분은, 히로에 씨가 이 노래를 어떻게 파악하고 어떻게 해석하며 어떤 감정을 어떠한 표정이나 몸동작으로 표현하고 있는지, 그 의도나 행위를 파악

---

33) 음악의 3요소는 '멜로디' '리듬' '하모니'인데, 히로에 씨는 여러 명이서 수어 노래를 부르고 파트째로 동작을 바꾸어 그것들을 조합함으로써 풍부한 '하모니' 또한 만들어내고 있다.

함으로써 이를 '세밀하고 미세하게 온전히 거둬들이는 것'이다. 왜냐하면 나의 경우 의미나 행동의 정립이 느리므로, 그 노래에 어떠한 기분을 담아 움직이면 좋을지를 모르기 때문이다. 이것은 정말 불안한 것으로, 그녀의 표현을 보지 못한다면 즐겁게 배우기 위해 다니고 있음에도 '무서워. 모르겠어'하고 우울해지기 시작한다. 만약 '수어를 배운 다음, 마음에 드는 감정을 실어 자유롭게 표현해 줘'하고 나에게 일임한다면, 나는 이를 위협으로 느끼고 무서워하며, 어찌할 바를 몰라 다음부터는 그곳에 가지 못하게 되어버릴 것이다.

이와 같은 내게 있어 히로에 씨가 가끔 시연해 주는 표정은 필수불가결한 본보기가 된다. 한 곡 속의 여러 가사에 그녀가 어떠한 희노애락을 실을 작정으로 동작을 한 것인지를 나는 하나도 놓치지 않겠다며 집중한다. 예를 들면 히로에 씨는 '미소가 부족해!'하고 항상 우리에게 말하지만, 한마디로 미소라고 말해도 곡에 의해 나타나는 그녀의 '미소'는 각기 전혀 다른 것이다. "바람이 된 기분으로, '울지 마'하고 말을 거는 기분으로"라 설명해 주는 히로에 씨가 나타내는 미소는 온화하게 자비를 베푸는 미소이며, 또 "눈물이 늘어날수록 강해진다"하고 격려하는 가사의 미소는 건강하고 쾌활한 에너지가 넘쳐흐르는 미소이다.

그와 같은 미세한 행위들 전부를 '거두어들이는' 것이 나에게는 무엇보다도 중요한 작업이다. 본보기의 표정을 구체적으로 거둬들여 그것을 그대로 흉내 내어 행동으로 옮긴다. 그러면 그때 처음 나의 내면에서 의미가 정립되어, '아아, [의미가 정립된다는 것은] 이런 기분이구나!'하고 알게 되는 것이다. 여기서 비로소 나는 모습의 전이(轉移) 작업을 완성시키게 된다.

그 후에 나는 돌연 즐거워져 '그 기분을 지닌 캐릭터'가 될 수 있다. 조금 전 서술한 바와 같이 '거두어들임'에서는 행동도 맥락도 의도도 모두 자신의 것으로 받아들이기 때문에, 거둬들인 이후에는 이를 자유롭게

발달장애 당사자연구 자폐인이 몸, 그리고 세계와 관계맺는 방식

조작할 수 있게 되는 것이다. 이것이 내가 생각하는 수어 노래 최고의 묘미이다. 수어나 춤을 행하는 것뿐이라면, 나에게 있어서 모습의 전이 정도는 고작 수어 노래의 3분의 1정도 밖에 되지 않을 것이다.

TV에 나오는 연예인이나 연기자 중에는 배역에 심취해 있을 때는 연기의 달인과 같지만, 방송 홍보 등으로 본래의 모습으로 나와 있을 때는 재밌지도 별다른 특색도 없고, 자신도 없어 보이는 사람이 있다. 실제로 '연기하고 있을 때야말로 자신이라는 기분이 든다'는 연기자의 말도 자주 듣는다. 내가 느끼는 방식은 이와 같은 사람들과 닮아있다. 보통의 자기표현을 정립하는 것은 서툴지만, 배역으로서의 캐릭터를 세밀하게 설정했을 때엔 인격이 정립되어 자유로워진다. 앞서의 배우들은 이런 유형의 사람인지도 모른다고 생각한다.

히로에 씨의 수어 노래는 즐거움, 기쁨, 애절함, 슬픔, 사랑스러움 등의 감정을 전달하며, 또한 움직임의 대소·강약·격함 등에 의해 감정의 강약도 표현되어 풍부한 신체 표현을 전달한다. 이러한 표현 방식을 본받아 수어 노래 워크숍에서는 들을 수 있다/없다에 상관없이, 사람들 각각이 수어 노래를 통해 제각각의 표현에 도전하고 모두가 그것을 즐기고 있었다. 나는 퍼포먼스로서 누군가에게 보이기 위해서가 아니라, 내지 못하는 목소리를 대신하여 혼자 있을 때에도 수어 노래를 부른다. 발성에 어려움이 있는 내가 만족할 수 있는 수어 노래의 표현을 확립시켜 준, 들리지 않는 표현가들에게 늘 감사하고 있다.

6장

꿈에서 현실로

| 6장 |

꿈에서 현실로

  아무래도 나는 '4차원 소녀'를 흉내 내고 있던 것은 아닌 듯하다. 내가 자기 자신에 대해 모르는 상태로 불안해하고 자신감을 상실해 왔던 모든 것에는 그럴만한 이유가 있었던 것 같다. '도대체 나는 뭘까.' 그에 대한 답은 '남들보다도 신체의 안과 밖의 감각을 세밀하게, 대량으로 받아들이는 사람'이라는 것일 듯하다. 그렇다면 지금까지 다른 사람들이 이해하지 못하기에 '그런 게 있을 리 없어. 그렇게 느끼는 나는 분명 어딘가 이상한 거야'하고 생각해왔던 여러 감각들도, 이제는 '없는 것'이 아닌 '있는 것'으로서 인정해도 될 것이다. 이는 나를 조금은 긍정적이고 밝은 세계로 인도한다. 내가 볼 수 있는 것, 들을 수 있는 것, 느끼고 있는 것은 확실히 '존재한다.' 그런 식으로 인지하고 있으면, 나를 둘러싼 세계는 '영문 모를 어두운 세계'가 아닌, 느끼고 있는 대로의 모든 것을 믿어도 되는 또렷하고 알기 쉬운 세계로 완전히 바뀌게 된다.
  이 장에서는 이제까지 서술해 온 당사자연구를 바탕으로, 스스로에 대한 세계를 불안정하고 어두운 세계가 아닌 확실하게 존재하는 세계로서 긍정적으로 재조명해 본다.

1. 동양 의학과의 접점

1장에서 나는 '미세하고 대량으로 넘치는 신체 내부의 감각을 추려, 〈신체의 자기소개〉, 〈원행성〉, 〈구체적인 행동〉을 정립하기까지의 작업이 남들보다 느리다'는 것을 살펴보았다. 이것은 뒤집어 말하면 신체 내부가 호소하는 수많은 감각을 그 상태 그대로, 나아가 정밀하게 받아들일 수 있다는 것이기도 하다.

'여기를 눌러'라는 몸의 목소리에 휘둘린다

일상생활에 있어서의 부하(負荷)가 최대치였던 중·고등학교 시절의 나는, 날마다 원인모를 상태 악화가 몸과 마음에 쌓여 늘 비실비실했고, 몸의 여기저기서 닥쳐오는 〈자기소개〉에 매일같이 휘둘리곤 했다. (지금 돌이켜 분석해보면 2장에서 서술한 바와 같이 감각포화의 소용돌이 속에서 무리하여 남들처럼 생활을 하고, 실제로는 남들보다 압도적으로 지쳐있는데도 그것을 알아차리지 못했기 때문일지도 모른다.)

당시의 나는 눈동자의 피로, 어깨 결림, 소화불량, 위장에 가스가 차는 것 외에도, 익숙하지 않은 인적·물적 환경에 놓여있는 것으로 인해 성대의 움직임 뿐만 아니라 장의 움직임도 자주 멈추곤 했다. 그 결과 배에 찬 공기가 움직이지 않게 되어 심한 경우 맹렬한 복통을 일으키기도 했다. 나는 몸 상태가 좋지 않았기 때문에, 신체를 돌보는 것에 매일 2시간 정도를 소비해야만 했다. 엄지손가락이나 막대기 형태의 사물로 몸의 각 부위를 꾹꾹 눌러 마사지를 하거나, 몸의 근육을 풀어주는 스트레칭 체조를 했다. '발바닥 여기를 풀어줘!' '아직 팔 이 부분이 스트레칭이 덜 되었어!'라는 몸의 호소에 얼추 반응하면 겨우 어떻게든 장이 다시금 움직이기 시작했고, 이후에는 지쳐서 잠들어버리는 생활이 반복되곤 했다. (이러한 증상은 고등학교 졸업 이후 '평범하다고 여겨지는 생활 패턴'을 따르지 않기 시작하며 조금이나마 경감되고 있다.)

'여기를 눌러줘' '여기를 풀어줘' '여기 근육을 풀어줘'와 같은 몸의 호소는, 충혈되어 아픈 듯 간질간질한 느낌이나 근육통이나 가려움과 같은 신체감각들이 긴급성을 가진 〈필행성〉으로서 정립된 것이다. 하지만 실제로 그러한 몸의 호소에 응답하다 보면, 호소했던 부위가 아닌 전혀 상관없을 법한 별개의 부위에서 충혈이나 아픔이 스윽하고 사라져 가는 일이 있다는 점을 알게 된다. 몸의 각 부위를 누르는 것이 '여기는 어깨' '여기는 등' '여기는 위' '여기는 장기(臟器)'하고 몸의 별개의 각 부위와 직접 이어져 있는 것을 느끼면서, 스스로가 내장이나 근육을 하나하나 풀어주고 있다는 것을 자각한 것이다.

경락도(經絡圖) 대로였어!

'누른 부분에서 누르지 않은 부분을 제어할 수 있다'는 이러한 감각은 가족에게 말해도 믿어주지 않았기 때문에, 나 또한 '기분 탓인가. 너무 깊게 생각했나'하고 자신의 감각에 반신반의하고 있었다. 자력으로는 몸 관리를 아무리 해도 뜻대로 되지 않아 결국 마사지나 침을 맞으러 가게 되었을 때도, '동양 의학이라니, 정말로 효과 있는 걸까. 비싸기만 한 거 아닐까'하고 의심하고 있었다.

하지만 시술자의 치료는 나의 감각을 긍정하는 쪽으로 작용했다. 내가 '아아, 거기를 누르면 위가 움직이기 시작하네요' '역시 그곳이 목이랑 이어져 있었군요. 아, 목에 피가 돌아요' 등의 느낌을 말하면, 시술자는

"경락도(經絡圖)는 당신처럼 민감한 사람의 반응을 토대로 만들어진 것이겠네요"라고 하며 종종 나를 놀라게 했다.

수년 전에 (불 붙인 향을 막대기에 넣어 마사지하는 식의) 온열요법 시술을 받았을 때도, 나 자신의 신체변화를 잘 알아차릴 수 있었다. 시술이 시작되면 머지않아 감기에 걸렸을 때 림프선이 찌릿찌릿하거나 고동치는 것 같은 감각이 선 모양의 길을 따라 몸 전체를 뛰어다니는 것처럼 강하게 느껴지고, 몸 안의 나쁜 것이 그 길을 점점 흘러가는 느낌이 들었다. 그리고 손목이나 발목 등 좁아지는 곳에서는 흐르지 않고 정체되며 두근두근하고 고동치기 시작했다. 그래서 "아, 온열요법은 어떤 걸까 하고 생각하곤 했는데, 이건 피 순환을 좋게 하거나 림프액의 흐름을 촉진 시키는 거로군요"라고 말하면, 시술자는 "바로 그거에요!" 하며 놀랐다. 이러한 대화를 통해 아무래도 나는 남들보다도 신체 내부 각 부위의 이어짐에 대해 잘 느낀다는 것을 알게 되었다.

그래도 여전히 '이렇게 동양 의학에 익숙해져 가는 나는 또 뭘까'하고 끈질기게 자신을 괴이하게 여기고 있었지만, 당사자연구에 의해 이번에야 겨우 스스로의 감각에 'OK'를 보내도 된다고 생각할 수 있는 단계에 이르게 되었다.

2. 식후의 신체 변화

양상추의 청량감

난 음식을 먹고 난 후의 신체감각도 남들보다 풍부한 듯하다. 스스로에게 있어 항상 같은 변화가 일어나기 때문에 남들이 알아주길 바라며 가족에게 말했지만, 이 또한 가족들은 매번 '또 얘는 이상한 걸 말하고 있어'와 같은 모습으로 흘려듣곤 했다. 몸의 감각이 반복됨을 느낌에도

발달장애 당사자연구 자페인이 몸. 그리고 세계와 관계맺는 방식

주변 사람들로부터 그러한 반응이 있으면, '과연 나 스스로의 감각을 믿어도 되는 걸까', '내가 느끼고 있는 세계는 정말로 있는 걸까'를 확신하지 못하고, 그 결과 스스로의 존재 그 자체가 항상 불안정하고 불확실해지곤 했다.

예를 들면 양상추를 먹은 후의 감각을 살펴보자. 초등학교 저학년 무렵부터 양상추를 먹으면 바로 머리와 가슴 속이 산뜻해지고 왼쪽 어깨에서 왼팔을 지나 왼손 끝을 향해 그때까지 있었던 정체된 느낌이 스륵하고 흘러나가서 개선되는 것을 알게 되었다. 당시의 나는 '오, 피가 깨끗해진 느낌이 드네'라 말하곤 했지만, 지금 생각하면 피가 그렇게 곧바로 변화하거나 하지는 않을 것이다. 정체되어 있는 것이 흘러나갔다는 느낌인 것의 정확한 정체는 알지 못하지만, 양상추를 먹자마자 확실히 청량감을 느껴 스륵하고 흘러가는 감각이 뇌나 가슴 속에서부터 왼쪽 팔 끝까지 생생히 느껴지는 것이다.

몸을 시원하게 하는 음식, 따뜻하게 하는 음식에 대해서는 여러 가지 설이 있으므로 과학적으로 옳은 설이 무엇인지 나로서는 모른다. 다만 조사해 보면, 나의 신체감각이 많은 설과 일치하기에 이 또한 놀랍게 된다. 오래전부터 전해지는 민간요법이나 노인의 지혜와 같은, '미신'으로 치부할 수만은 없는 세간의 진실이 생각 이상으로 많이 있을지도 모른다.

예를 들면, 나는 어린 시절에 모든 과일을 다 먹을 수 있었지만, 스무 살이 지나고서부터 과일을 먹으면 식후 30분 정도 위장이 차가워지는 탓에 도저히 먹지 못하게 되는 양상이 생겼다. 대사가 떨어진 걸까. 여름철의 수박·메론·배와 같이 수분이 많아 어린 시절엔 여름철 별미로 즐기던 과일이, 지금은 15분 내로 확실히 위장을 차갑게 해서 배를 아프게 만드는 강적이 되어버렸다. 감은 딱딱한 것을 먹으면 곧바로 한기(이것은 위장을 차갑게 하는 것이 아니라, 1장에서 말하는 '추위', 즉 외부기온과 체온의 온도차를 느끼고 있는 것에 가깝다)가 엄습해 오기 때문에 먹지 않으려 하고 있다. 지금 내가 먹어도 이전과 같이 위장이 차가워지지 않는 것으로는 복숭아, 사과, 딸기 같은 장미과 과일이 많다. (배는 예외다.) 오렌지 주스도 팔의 혈관이 축소되어 죄는 듯하게 아프므로 마실 수 없게 되었지만, 사과나 복숭아 주스는 그 정도는 아니다.

위장이 차가워지기 때문에 먹을 수 없게 된 과일과는 대조적으로, 이제까지 전혀 먹지 못했는데 둘째를 출산한 무렵부터 갑자기, 적극적으로 몸이 원해서 먹게 된 것이, 파, 생강, 마늘, 차조기, 참깨, 후추, 산초, 고추 등 향신 채소이다. 소극적인 의미로 '어떻게든 참고 먹을 수 있게' 되었다는 것이 아니라, 그것을 먹은 후에는 부족한 것이 보충되어 신체의 균형이 가지런하게 되어가는 쾌감이 있다. 열이나 에너지가 몸 내부에서 들끓고 몸속의 압력으로 인해 점점 전체가 부풀어 오르는 감각이 있고, 몸 또한 쉽게 움직여진다. 이는 몸을 따뜻하게 만든다고 여겨지는 것들로, 이 또한 대사가 떨어진 탓에 몸이 그것을 원하게 된 것일까 한다.

커피로 힘들어하다

당분과 염분을 섭취했을 때 나타나는 변화는 어느 쪽이든 손목이 두근거리며 고동치는 점에서는 비슷하지만, 반응 속도는 염분 쪽이 더 빠르다. 반면 케이크 등 적당히 달콤한 것을 먹었을 때는 곧바로 머릿속이 내부로부터 외부를 향해 두둥실 하고 가벼워져 상쾌한 바람이 분 듯한 느낌이 든다. 이것은 쾌적한 심리적 감각을 동반한다. 하지만, 팥소, 초콜릿, 건포도, 곶감 등 수분이 적은 응축 상태의 단 음식을 먹었을 때는 청소년기부터 현재에 이르기까지 먹자마자 곧바로 비강(鼻腔) 내의 혈관이 부푸는 듯한 느낌이 든다. 이것은 불쾌한 심리적 감각을 동반한다. 혈관이 파괴되어 피가 나올 것 같은 긴장감이 있다. 한편, 염분은 많이 섭취해도 코피가 나올 것 같은 느낌이 들지는 않지만, 손목의 두근거림이 전신에 퍼지고 목이 따끔거리며 머리 안쪽의 고동에 의해 두통이 생긴다.

차(茶) 종류로는 어렸을 때부터 커피나 녹차는 향은 좋은데 섭취하지 못한다. 두 가지 다 마신 직후에 머리가 쾅쾅 울려대듯 아파 오고는 한다. 긴장했을 때처럼 손발 안에서 무언가가 조이듯 아파지고, 손발이 차가 워지고, 감을 먹었을 때와 같은 부들부들거리는 한기가 생긴다. 대학교 1학년 무렵, 오후 강의를 앞두고 졸음도 쫓을 겸 해서 다른 사람들처럼 점심시간에 처음 커피를 마셨을 때, 두통에 시달려 계속 신음하게 되어 결국 그 강의는 듣지 못하게 되었다. 이 정도로 확실한 증상이 드러나면 역시나 '이건 확실히 아니야, 나 자신의 신체에는 맞지 않는 거야. 그만두자'하고 생각하게 된다.

이에 기호품으로 홍차나 녹차를 애용하고 있지만, 그럼에도 진하게 달여낸 것은 커피 등과 같이 머리가 쾅쾅 울리기 때문에 마실 수 없다. 또한, 이전에 홍차 종류라 방심하고 다즐링 퍼스트 플러쉬(first flush) 시음을 한 잔 했을 때는, 마신 직후에 급격한 한기가 엄습해 몸 상태를 고르게 할 수 없게 되어 공황 상태가 되었다. 그 후로부터 다즐링 퍼스트 플러쉬는 '찻잎의 향기나 맛을 남기기 위해 발효도를 낮추고, 홍차라기보다는 녹차에 가깝게 만들어내는 것이 오늘날의 트렌드'라는 것을 알게 됐다. 이에 늘 섭취에 주의하고 있다.

3. 소리로의 공간 파악

귀로 본다

2장에서는 내가 공간 인지를 할 때 청각 우위인 것을 예로 수영장이나 바다 등, 물에 관한 반향(反響) 위치측정 이야기를 하였다. 나는 수년 전이 반향 위치측정을 알고 나서도 지금까지 '이상한 사람'으로 보일까 걱정되어 억누르고 있던 행동을 적극적으로 실행하기로 했다. 그것은 '처음 간 장소에서 목을 천천히 몇 번이고 좌우로 흔드는' 것이다.

'귀로 본다.' 나에게는 이 말이 딱 맞다. 나의 눈은 분명 사물을 비추고 있지만, 아무래도 눈은 신뢰하기 어렵다는 불안감이 있다. 이에 귀로 제대로 상황을 파악하여 보이는 것의 실제 형태를 확인하고 싶다고 생각하곤 한다. 처음 간 장소라면 특히, 내가 레이더의 안테나가 된 기분으로 목을 좌우로 흔들고 싶어서 어쩔 줄 모르겠는 충동에 빠지곤 한다.

찻집의 안쪽으로 갈 수 있기까지

예를 들어, 처음 들어간 찻집을 생각해 보자. 천장은 높은 편에 개방감이 있고 가게 안 조명은 오렌지색으로, 조금 엷은 어둠이 드리우고 있다. 그럴 때는 반향 위치측정에 의한 확인을 안 하고는 못 배긴다. 나는 어깨 결림으로 목을 돌리고 있는 체 하며 목을 천천히 좌우로 흔든다. 나의 귀에 도달하는 배경음악이나 사람들의 목소리에는 음원 그 자체로부터 뿐 아니라 벽이나 천장에서 튕겨 나오는 반향음도 포함되어 있기 때문에, 그것을 파악하기 위함이다. 눈은 눈대로 시선이 좀처럼 닿지 않더라도 가능한 한 제대로 보고자, 눈을 가늘게 하고 좌우로 얼굴을 움직이며 곁눈으로 주변을 둘러본다. 이렇게 하는 편이 파악이 더 잘 되는 것 같은 느낌이기 때문이다.

이렇게 하여 가게 안의 여기저기서 반향되어 돌아오는 소리로 감각포화에 빠질 뻔하면서도, 좌우로 목을 흔들어 곁눈질로 파악한 세계와 반향음을 조합시켜 간다. 조금 지나면, 그때까지 평면적으로 보이던 엷은 어둠의 가게 안쪽이나 천장의 높이가 점점 알 수 있게 되어간다. 마치 벽에 갇힌 것 같던 시야가, 굴곡을 포함하여 안쪽을 향해 1-2미터 정도

　발달장애 당사자연구 자폐인이 몸, 그리고 세계와 관계맺는 방식

전방으로 뻗어 나가는, 확 하고 실내가 넓어지는 순간이 찾아오는 것이다.

한 번 공간을 파악한 후에는 조명의 밝기가 변하거나 하지 않는 한, 다음에 또 같은 장소에 왔을 때 이 현상이 일어나는 일은 없다. 그러나 바깥의 채광이 드는 창문이 있는 경우, 날씨에 의해 미묘하게 밝기가 변하기 때문에 그때그때 공간 파악을 재확인하는 일이 있다.

4. 달빛의 효과

'전신이 귀'가 된 장소

2006년 8월, 도쿄 오오마루(大丸) 박물관에서 행해진 이시카와 겐지(石川賢治)[34]의 달빛 사진전을 보러 갔다. 미술관과는 그다지 연이 없는 나지만, 보름달을 빛의 근원으로 한 푸르게 빛나는 풍경 사진들에 이전부터 매료되어 있었기에 전시를 꼭 보고 싶은 마음을 품고 야마노테센 지하철을 타고 박물관을 찾았다. 더운 여름의 번쩍이는 햇빛으로부터 전환된, 아담한 전시실 내부는 선선하고 옅은 어둠에 사진과 마찬가지로 푸른 세계로 꾸며져 있었고, 곤충이나 파도 소리가 고요히 들려왔다. 나는 마치 한 걸음 앞서 가을의 달밤을 맞이하는 듯하여 가슴 속을 꾹 하고 휘어잡히듯 가을밤의 기나긴 적막감에 사로잡혔다. 그리고 커다란 패널 사진 앞에서 지긋이 자신의 몸이 달빛의 세계에 융화되어 가는 감각을 맛보았다.

전시장을 둘러본 후, 모처럼 사진집을 사고자 판매 코너로 이동했다. 하지만 밝은 형광등이 켜진 곳으로 나와 버리자, 그때까지 몸을 둘러싸

---

34) [옮긴이 주] 이시카와 겐지(石川賢治, 1945-)는 달빛만을 광원으로 하여 촬영하는 '월광사진(月光写真)' 기법으로 잘 알려진 일본의 사진작가이다. 그는 자연 풍경과 생명체를 달빛 아래 장시간 노출로 담아내며, 고요하고 신비로운 세계를 시적으로 표현해 왔다.

고 있던 안전하고도 고요한 어둠이 걷어지고, 갑자기 옷이 벗겨진 듯 기분이 안 좋아졌다. 하얀빛 안에서 아무리 사진집을 훑어보아도, 그 전시실 안에서 전신으로 맛본 사진과의 일체감을 따라가지 못했다. 이건 뭔가 아니었다.

나는 사진집 구매를 포기하고 한 번 더 전시실로 들어갔다. 가장 마음에 들던 사진의 맞은편 벤치에 허리를 기대고 재차 사진 속으로 동화되어 갔다. 옅은 어둠의 푸른 빛, 그리고 벌레 소리. 자신이 숲속에 사는 야생동물인 듯한 기분이 되어간다. 멀리서 다른 동물이 다니고, 우수수하며 나뭇잎이 스쳐가고, 마른 나뭇가지가 부러지는 소리도 들려올 것 같다. 그야말로 전신이 귀. 온갖 기척을 귀로 느꼈다.

그때 문득 '그렇구나. 달밤의 숲과 같은 세계에 내 감각은 딱 맞는 건가'하고 생각했다. 2장에서 묘사한 대로, 청각 우위의 감각적 특성을 가진 내게 있어 달빛의 세계는 태양 빛에 비해 사물을 비추지 못하므로 시각포화가 일어나지 않도록 해준다. 이럴 때면 청각이나 후각을 최대한 활용하여 기척을 읽어내는 데에 사용하는 것이 좋다. 달에 비추어진 세계가 이토록 안정적으로 마음 둘 곳이 된다는 것은, 나 스스로가 야행성 동물과 비슷한 감각을 가지고 있다는 것을 뜻할지도 모른다.

달에 이끌려 아이를 낳다

한편 보름달 그 자체로 눈을 향했을 때, 이러한 안정된 감각과는 다르게 격하게 흥분되는 듯한 감각을 느꼈다. 원래 달이란 오래 전부터 '옛 이야기'의 세계에서 자주 등장하곤 했던 소중한 한 명의 친구와 같지만, 보다 생생하게 현실적인 감각으로서 민감해진 것은 출산을 경험한 무렵부터이다. 출산을 통해서 지구나 달의 힘에 자신을 맞춘다는 감각에 대해 현실감 있게 느끼게 되었던 것이다.

발달장애 당사자연구 자폐인이 몸, 그리고 세계와 관계맺는 방식

원래의 계기는 독신일 때부터 분만대에서 행해지는 출산에 대해 '아무리 생각해도 고통스러울 게 뻔하다'며 위화감을 느끼던 것에 있었다. 첫째 아이는 병원에서 흡인 분만을 하게 되었지만, 둘째 임신 후에는 신체가 점점 [병원 분만에 대해] 'NO'라고 반응했기 때문에 조산원에서 낳기로 했다. 조산원에서는 공부 모임이 정기적으로 행해졌다. 식사나 체조 외에, 불꽃을 바라보거나 하늘을 올려다보기도 하고, 꽃에 애정을 가지고 키우는 등으로 자연의 감각과 이어지고 자연과의 대화 작업에 몰두하는 시간이 있었다. 이러한 '자연과 이어져 대화하는 감각' 또한, 그때까지는 '공상의 세계', 즉 '존재하지 않는 것'으로 여기고 떨쳐버리도록 상식에 의해 암시되어 왔다. 어린 시절을 지나고서도 계속 이러한 감각을 지니고 있다는 것이 남들에게는 말하기 어려운 부끄러움이었지만, 조산원에서의 경험은 '내 감각이 실제로 존재하는 것이었구나' 하고, 스스로의 감각이 긍정받은 듯한 느낌을 안겨주기도 했다.

그 외에도 조산원에서는 출산 시에 몸이 열리는 감각을 꽃이 피는 모습과 겹치게 심상 훈련을 하기도 했고, 순산을 기원하는 항아리 안에 뜸을 넣는 등의 활동도 했다. 임신 8개월째에는 어떻게든 바다가 보고 싶어져 가을 바다로 차를 끌고 나가기도 했다. 인기척 없는 조용한 바다를 바라보며 넘실대는 파도의 리듬에 점차 몸의 파장이 맞추어지는 것을 느꼈을 때, '좋아, 낳을 수 있겠어'하는 확신을 가질 수 있었다.

'조산(助産)'이라는 체험

둘째를 출산할 때, 나는 첫째 때와 마찬가지로 몸 안이 커다란 감각으로 포화되어 혼란 속에 빠지기 시작했다. 자궁이 수축하고 자궁경부가 열렸다. 골반에 아이의 머리가 끼이고, 아이가 내려오고, 뼈와 뼈가 스치듯 닿았다. 서서히 진통의 물결은 커져갔고, 수축은 자궁 뿐만 아니라 몸 전체의 운동이 되어 갔다.

　종종 출산에 대해 '수박을 코에서 꺼낸다'는 식으로 예를 들곤 하지만, 좀 더 알기 쉽게 간단히 말하면 강렬한 설사와 같다. 전신이 수축하고 몸에서 일종의 이물(異物)을 배출하려 하는, 몸의 움직임이 최고조에 달하는 상태라고 생각하면 된다. 몸 전체가 쥐어 짜내듯 하고, 아래에서뿐만 아니라 위로도, 즉 입에서 내장이 튀어나올 듯하다. 실제로는 내장이 튀어나오는 대신에 크고 낮은 신음이 자연스레 쥐어짜듯 흘러나온다.

　'큰일났다. 의식이 날아간다. 또 공황 증상이 나타난다!' 몸이 녹초가 되어 또 진통의 물결에 마음대로 농락당하는 상태처럼 되었을 때, 조산원 원장님이 도와주러 와서 정좌하고 겨드랑이부터 나의 몸을 꽉 안았다. 진통에 의해 몸이 수축하고 있어 아무 생각 없이 그분에게 매달리자, 그분이 굳건히 서서 나를 제대로 지탱해 주었다. 나의 전신을 긍정하는 반응 덕에, 내가 당시 느끼고 있던 몸의 수축은 확실히 '존재하고,' 그 물결대로 몸을 수축시켜도 된다는 것을 알게 되었다. 반응 없이 분만대 위에 눕혀지는 것과는 비교할 수 없었다. 나는 조금씩 자신을 되찾았고, 농락당하는 상태가 아닌, 진통의 물결과 숨을 맞추려는 등 조금 더 주체적으로 될 수 있었다.

　발끝에는 다른 2~3명의 조산사가 있어서, 회음부를 보호하며 '여기에요!' '머리는 전부 나왔어요!'하고 말을 걸어 준다. 넘치는 감각 속에서 감각의 간추림과 정립을 보조하고 '이 감각에만 집중하면 된다'는 것으로 이끌어준 그녀들이 바로 '조산(助産)'사인 것이다. 그리고 이와 같이 인간이 다른 타인을 전신을 밀착해 돕는 구체적인 보조로, 나는 처음으로 감각포화의 혼란에 빠지지 않고 무사히 출산을 맞이할 수 있었다.35)

---

35) 나는 때마침 일반적 분만이 가능하였고 또한 스스로도 그것을 원했기 때문에 조산원을 고른 것이지, 조산원이 무조건 좋다는 조산원 우월주의를 주장하는 것은 아니다.

출산 이후부터는 어둠 속에서 보름달의 빛이 떠올라 일직선으로 나를 향해 비출 때, 내 몸에 어떤 특유의 변화가 일어나는 듯한 느낌을 받곤 한다. 보름달이 눈에 닿을 때의 자극은 좋아하는 사람이나 사물을 바라볼 때 느끼는 설렘이 극대화된 상태와 비슷하며, 황홀감과 함께 심신이 해방되는 듯한 경험을 동반한다. 그런 감각은 직접적으로 가슴이나 아랫배, 회음부에 닿아 피를 돌게 하며, 마치 일정한 무게를 가진 빛이 몸을 관통해 체내로 스며드는 듯한 감각을 준다. 이러한 몸의 감각이 하나의 〈자기소개〉로 정립된다면, 그것은 '성적 흥분'에 가깝다. 그처럼 몸이 시큰해져 올 때면, 마치 달이 나에게 아이를 갖도록 부드럽게 재촉하는 것 같은 기분이 든다.

5. 풀과 나무의 목소리

좋은 말벗, 최고의 친구

풀이나 나무, 꽃에 대해서는 어렸을 때부터 무척 흥미가 있었다. 이들과 함께 있으면 말이 통한다. 집에서도, 유치원이나 학교에서도 "밖에 나가 놀라"는 말과 함께 밖으로 내몰렸을 때, 이들은 외톨이인 나에게 언제든지 어울려 주는 좋은 말벗이 되어 있었다.

번잡한 인간세계의 규칙을 잘 모르는 나를 바싹 달라붙어 감싸 안아 주고 있던 것은 항상 풀, 나무 그리고 꽃이 방출하는 부드러운 에너지 같은 것이었다. 꽃이 필 시기의 색이나 형태나 향기, 꽃, 잎 그리고 열매가 맺히는 법, 전체적인 초목의 외형, 이들이 지면에서 자라나는 방식 등을 나는 간추림도 정립도 없이 받아들였다. 세밀한 부분까지 알 수 있는 정보를 모두 습득했고, 사진 기억으로 내면에 거둬들였다.

최고의 '친구'였던 내 주변 꽃들의 이름이나 특징을 알고 싶다는 마음이 이내 생겨났고, 나는 식물도감을 애독하는 어린이가 되었다. 아무래도 너무 끈질기게 물어보는 내게 대답을 해주지 못한 부모님은 아마도 도감을 사 주신 듯하다. 나처럼 심심해 하는 어린이가 눈앞에 둔 초목은 튤립, 수선화, 장미, 백합 등 꽃집이나 화단에 있는 원예용 꽃이 아닌, 별꽃, 큰개불알풀, 자주광대나물, 개여뀌 등의 잡초였기에 부모님도 이들의 이름을 몰랐던 것이리라.

지식으로서는 이름의 유래, 무슨 과인지, 먹거나 약으로 쓸 수 있는지, 독이 있지는 않은지와 같은 정보가 특히 마음에 들었다. 초등학교 1학년이 되자 채소나 과일에 흥미가 생겨나 '양배추와 양상추는 닮아있지만, 양배추는 유채과로 무랑 같네. 양상추는 국화과로 우엉이랑 같은 종류고. 유채과로는 겨자와 고추냉이도 있고 유채과는 매운 것이 많네. 국화과는 떫은맛이 강한게 많구나. 내가 좋아하는 과일은 모두 장미과구나!' 등, 세계가 하나로 묶여 가는 것이 오싹할 정도로 너무나 즐거웠다.

'힘내고 있는 느낌'을 보다

초등학교 3학년부터는 '이러한 친구를 내 곁에 두고 싶다'는 마음이 들기 시작했다. 그렇게 내 원예가 시작됐다. 최고의 친구인 잡초 계열 화초는 키우기가 어려워서 포기하고, 아파트 단지의 할머니가 원예용 꽃을 나누어 주시거나, 가끔 부모님에게 원예점에서 사달라고 하기도 했다. '재배'는 지금까지 이야기만 나눴던 이들과의 '친구 관계'를 변화시켰다. 이들의 생명을 오래 유지하고 번식을 돕는 것이 나의 역할이 되었다. 이를 위해서는 식물들 제각각의 법칙, 즉 이들을 대하는 방법을 책을 통해 공부할 필요가 있었고, 더욱이 책에 나온 지식을 그대로 따라 손질하는 것이 이들에게 확실히 잘 맞는 것인지 여부를 확인해야 했다. 나는 물을 준 후, 비료를 준 후, 솎아내기를 한 후, 시든 꽃을 제거한 후, 길게 자란 부분을 잘라낸 후, 그 아이들의 변화를 지켜보게 되었다.

물이 부족할 때는 줄기의 위쪽 끝이 고개를 숙여 밑을 향하고 잎의 끝이 시들기 때문에, 흙의 건조한 상태나 잎의 촉촉함을 보면서 양을 조절하여 물을 주었다. 실내에서 키우던 식물에 갑자기 직사광선을 쬐게 하여 잎이 탄 듯 말라버린 후에는, 미묘한 잎의 색 변화를 보며 빛의 양을 조절했다. 어떤 화초는 더울 것이라 생각하여 여름 대낮에 물을 주면 오히려 늘어져서 기운이 없어져 버렸다. 어떤 나무는 꽃이 핀 후에 새순을 따지 않으면 옆부분에서 많은 가지가 나와 후년에는 꽃이 안 피게 되었다. 이들과 대화를 하며 시행착오를 반복하는 중, 그 각각의 식물에 대해 서적에서 얻는 것 이상의 법칙을 몸에 익혀 갔다.

시간이 흘러, 키우고 있던 화초가 기운이 없어 보일 때 마음을 담아 보살피면 숨을 불어 넣을 수 있는 것인지, 아니면 내 능력으로는 어쩔 도리가 없이 그저 말라버릴 뿐인지, 보면 바로 알 수 있을 정도가 되었다. 지금까지 '보면 바로 알 수 있는' 감각에 대해 언어화시킨 적은 없었지만, 나는 초목의 줄기나 잎의 내부에 물이 가득 차 있는 듯한 '힘내고 있는 느낌'을 직관적으로 보고 있었다. 식물의 기세, 혹은 생명력이라고도 바꿔 말할 수 있을지 모른다. 이 생명력이 느껴질 때는 가차 없이 가지를 자르는 편이 기세를 바꿔서 되살아나게 하지만, 생명력이 약해져 있는 경우는 가지치기가 오히려 죽음을 재촉했다.

목소리를 들을 수 있는 것의 괴로움

대학생이 되어 바빠지고 난 이후에는, 너무 잘 알고 있는 식물의 목소리를 듣는 것이 괴로워서 일상생활에서는 그 스위치를 꺼 두고 있다. '어때 이쁘지?' '나 귀여워?' '맛있게 달렸어. 먹을래?' 정도라면 인사에 대답하는 정도로 끝나지만, '이쪽이 너무 자라서 말이야, 당신이 여기 조금만 잘라줄래?' '잠깐 거기 당신, 무...물좀 주지 않을래?' '괴로워…' '햇빛이 너무 센데 말이야' '나 영양부족 상태야' 등의 풀과 나무의 말을 들었을 때, 그것들 모두의 목소리에 응답할 여유가 없었기 때문이다.

나는 원예를 포기하는 대신 5년간 꽃꽂이를 배워 지도사 자격을 땄고, 꺾인 꽃들과 식물들을 친구로 하게 되었다. 꽃으로 아름다운 공간을 만들어내는 방법을 배우면서, 적절한 조건이 갖춰지지 않으면 잘라낸 카네이션은 꽃봉오리가 벌어지는 일이 거의 없다는 것, 튤립은 꿈틀대며 줄기가 자라는 것 등, 하나하나의 식물과 대화하며 이들과의 교류를 심화시켜 갔다.

현재 식물은 일절 키우거나 하지 않고, 꽃꽂이도 부탁받았을 때 정도만 하고 있다. '물기 좀 빼줘. 다시 한번 건강해질 수 있으니까 말이야' '시든 부분 좀 쳐내줘. 꽃봉오리가 피길 기다리고 있다고' 등 꽃꽂이용 식물들의 목소리도 들을 수 있게 되어버렸고, 무시하는 것도 괴롭기 때문이다. 가끔 널찍한 큰 공원에 가서 아름답게 핀 식물 사진을 찍는 것으로서 그들과의 친구 관계를 이어나가고 있다.

식물에서 영유아로

육아가 시작되자, 식물의 연장선상에 영유아의 존재가 있다는 것을 알게 되었다. 나는 화초와 대화를 하는 것과 같이, 갓난아기 시절부터의 일거수일투족을 구체적으로 하나씩 지켜보게 되었다.

식물과의 관계에서는 이들의 목소리를 듣고 그대로 행동하면 예측한 대로 변화가 일어나기에 나의 '화초 목소리 듣기'가 옳은 것 같다는 느낌을 받을 수 있었다. 그럼에도 식물은 나의 행동에 대한 반응에 시간이 걸려 최소 반나절을 필요로 하기 때문에, '정말로 내 행동의 결과로 이 반응이 나온 것일까. 아니면 다른 요소로 인한 것일까'라며 그다지

발달장애 당사자연구 자폐인이 몸, 그리고 세계와 관계맺는 방식

자신하지 못하는 경우가 있었다.

그에 비해 영유아는 반응을 즉각적으로 하는 존재로, 마주하고 있으면 울음을 그치고, 때로는 잠들며, 떨어져 있으면 계속 울어대는 알기 쉬운 신호로 옳고 그름을 알려 주었다. 큰 소리로 울고 있을 때는 그 의미를 몰라 나 자신이 얼어붙어버리는 일도 있었다. '기저귀도 아니고, 우유도 아니야. 이건 그냥 불안한 거구나. 안심하고 싶을 뿐이야. 안아줬으면 하는 거구나' '노래를 부르면 되겠다'라고 예측하곤 했지만, 그것이 맞는지 틀린지는 나도 반신반의하곤 했다. 이 단계에서는 아이를 대하는 것은 식물을 대하는 것과 마찬가지로 나 개인만의 〈이야기〉라고도 말할 수 있겠다(3장 참조). 하지만 그 〈이야기〉에 따라 행동을 해 보고 이로써 아이가 바로 울음을 그치고 점점 잠들기 시작했을 땐, 확실히 추측이 맞았다고 알게 된다. 그 순간 〈이야기〉가 확실히 있는 것으로서 현실이 되었다.

그리고 나는 이때 '사람과 이어져 있다'라는 것을 실감하곤 했다. 명치가 꾹하고 눌리는 느낌과 함께 두근두근하는 만족감이 들고, 아이가 내게 슉 하고 올라타서 서서히 내 속에 융화되어가는 느낌이었다. 이 일련의 과정은 마치 상대에게 마법을 걸 수 있는 것 같은 느낌이었다.

아기가 태어나고 얼마 되지 않았을 때는 나뿐만 아니라 아기 자신도, 세계의 정보를 간추리지도 정립하지도 않고 전부 흡수하고 있는 듯 보였다. 하지만 '어린 내 두 아이와 함께라면, 나도 사람과 이어져 있을 수 있어'하고 생각할 수 있었던 것도 잠시, 유치원에 입학하고 자기 자신의 사회를 갖게 되자 아이들은 독자적 패턴을 가진 개인으로 순식간에 성장해 나갔다.

이런저런 패턴으로 스스로의 간추림과 정립을 날마다 행하고 있는 나의 아이들을 보고 있으면, '머지않아 이들이 나의 품을 떠나, 내 손에 닿지 않는 저 즐거워 보이는 집단에 들어가 '성인'이 되어 가는 거겠지

'하며 애달파하기도 한다. 하지만 그러한 마음이 내게 아이들과의 하루 하루의 연결을 소중히 여기게 해주고 있다고도 말할 수 있겠다.

발달장애 당사자연구 자폐인이 몸. 그리고 세계와 관계맺는 방식

7장

'소외된 존재들'끼리의 이어짐

: 공동 저작에 관하여

1. 뇌성마비 당사자의 경험을 거듭하며
2. 변의의 '정립되지 않음'
3. 전동 휠체어와 '어포던스'
4. 재활 중의 '꿈 침입'
5. 자취로 '사물과 이어지다'
6. '소외된' 당사자끼리 이어지다

'소외된 존재들'끼리의 이어짐 : 공동 저작에 관하여

   마지막 장에서는, 이 책에서의 당사자연구가 어떻게 진행되었는지에 대해 서술하려 한다. 결론에 해당하는 본 장에서 이와 같은 내용에 대해 서술하는 이유는, 이 책이 스스로 아스퍼거 증후군 당사자라고 받아들이고 있는 나와 구마가야 씨의 공동 저서라는 것에 대해서 약간의 보충이 필요하다고 생각했기 때문이다. 아마 이 책을 읽으시는 분들 가운데는, '이 구마가야라는 인물은 어떤 사람일까'하고 궁금해하는 사람도 많을 것이라 생각한다. 본 장은 그와 같은 의문에 대한 답이 될 수 있을 것이다. 그럼 이제부터는 잠시 구마가야 씨에게 펜을 넘기도록 한다.

1. 뇌성마비 당사자의 경험을 거듭하며

10년만의 만남

나, 구마가야는 뇌성마비 당사자이며 소아과 의사이다. 소아과 의사라 해도 자폐에 대한 '전문가'도 아니고, 아동 정신의학에 대해서 수련을 받아온 것도 아니다. 그러한 나와 아야야 씨와의 공동 연구에 있어서 나침반 역할을 하는 것은 의사로서의 지식이나 경험이 아닌, 오히려 뇌성마비 당사자로서 겪었던 곤란함이다.

아야야 씨와는 그녀가 아스퍼거 증후군이라고 진단받기 이전부터 친구 관계였다. 그녀와는 대학생 시절 수어 서클을 통해서 알게 되었다. 귀로 들을 수 있음에도 불구하고 입으로 말하지 않고 유창하게 수어를 구사하는 아야야 씨는 유달리 인상적인 존재였다. 알게 되고 반년 정도 지났을 무렵 서클의 뒷풀이로 다 같이 식사하러 갔을 때, 처음 아야야 씨의 목소리를 들었다.

목소리를 내어 이야기를 하는 것이 서투른 아야야 씨와는 그 후 몇 번 정도 팩스로 연락을 주고받았다. 당시의 아야야 씨는 겉으로는 잘 드러나지 않고 말로도 쉽게 표현할 수 없는 많은 체험들을 안고 있는 사람처럼 느껴졌다. 자신의 있는 그대로의 체험을 잘 전달하지 못하는 초조함과 혼란이 팩스를 통한 문장에서도 전달되었다. 언어화되지 못한 체험은 주위에서 '없는 것'으로 여겨지든지, 아니면 과소평가되기 십상이다. 이는 들을 수 없는 사람들과의 관계 속에서 배운 교훈이기도 하다.

10년 후 오랜만에 재회한 아야야 씨는 아스퍼거 증후군이라는 개념을 자기 스스로 발견한 상태였다. 아스퍼거 당사자의 자서전에 쓰여있는 내용이 아야야 씨 자신의 체험과 놀랄 정도로 닮아있었다고 한다. 아야야 씨가 '구마가야 군. 나, 아스퍼거 증후군이라고 생각해?'라고 질문해서 나는 당황했다. 원래 아스퍼거 증후군이라는 개념을 잘 모르고 있었을

발달장애 당사자연구 자폐인이 몸. 그리고 세계와 관계맺는 방식

뿐만 아니라, 친구에게 일종의 꼬리표를 붙인다는 것에 막연한 망설임이 있었기 때문이다.

아야야 씨의 말을 자신의 경험에 적용해 본다

그렇다고는 해도, 아야야 씨 자신이 '자신의 체험을 표현하고 있을 것 같은 개념'으로서 아스퍼거 증후군을 발견했다는 것은 틀림없는 사실이다. 우선 아스퍼거 증후군이라는 개념이 어떠한 것인지를 알 필요가 있다. 이와 동시에, 아스퍼거 증후군이라는 개념으로는 표현하지 못할 아야야 씨 고유의 체험도 많이 있을 것이다. 그것을 가능한 한 신중하게 분별해야 하겠다고 생각했다.

DSM(정신질환의 진단 및 통계편람) 등의 조작적 진단기준과 같이 표면에 나타나는 징후로서 정의되는 아스퍼거 증후군은, 당사자 체험을 반영하지 않고 있거나 아니면 극도로 축소시키고 있다. 읽으면 때로 악의조차 느껴질 정도이다. 나는 아야야 씨의 말을 신중하게 곱씹는 것부터 시작해야 하겠다고 생각했다. 즉, '아야야 씨의 그러한 감각, 고통이나 기쁨은 자신의 경험에서는 어떤 것에 가까울까?' '정말로 자신의 감각과 같은 것일까' '질적으로는 같아도 양적으로는 다른 것 아닐까' 등의 물음을 던지며, 둘이서 치밀하게 대화를 거듭하여 이 책이 탄생했다.

아야야 씨의 경험을 들을 때마다 매번 '그 경험을 있는 그대로 표현할 수 있는 개념은 없을까'라는 생각으로, 의학에 한정하지 않고 정보를 검색했다. 유감스럽게도 좀처럼 발견하지 못했을 때는 우리끼리 용어를 만들어 공유하였다.36) 아스퍼거 증후군이라는 개념은 첫 단서로서 참고

---

36) 만약 여러분으로부터 '책에 나온 그러한 개념은 이미 있다'는 지적이 있다면, 앞으로 이에 대해 적극적으로 받아들이고 싶다. 여러분 각자의 분야로부터의 거리낌 없는 의견을 바란다.

는 하였지만, 그 개념에 맞도록 아야야 씨의 체험을 왜곡하는 것만큼은 싫었다. 아야야 씨가 아스퍼거 증후군인 것을 엄밀히 증명하는 것이 아니라, 어디까지나 아야야 씨의 체험을 명확하고 상세하게 공유하는 것이 목적이었기 때문이다.

그래서 우리가 이 책에서 제안한 '간추림이나 정립이 천천히 이루어지는 상태'로서의 자폐가 전문가가 말하는 자폐와 일치하는지 아닌지에 대해서는, (물론 다소의 흥미는 있지만,) 이 책을 쏨에 있어서 크게 구애받지 않았다고 할 수 있다. 그러한 점이야말로 이 책이 '당사자연구'라는 근거이기도 하다.

본 장에서는 1장부터 5장까지 소개해 온 주제가 자폐 당사자의 체험뿐 아니라, 뇌성마비 당사자로서의 나의 체험과도 깊은 관련이 있는 것을 살펴 나가려 한다. 나의 특성이 조금이나마 전달되고, 그와 동시에 식사나 화장실, 산책 등 우리들의 별다를 것 없는 일상의 축적에서 이 책이 탄생했다는 점이 전해진다면 기쁠 것이다.

2. 변의(便意)의 '정립되지 않음'

얼어버리는 두 사람

아야야 씨와 패밀리 레스토랑에 들어갔을 때이다. 여느 때와 마찬가지로 아야야 씨는 늘어선 메뉴를 주시하면서 무엇을 먹을지 정하지 못하고 얼어버리곤 한다. 나는 잽싸게 메뉴를 결정하였지만, 아까 전부터 조금씩 물결처럼 나타났다가 사라지는 배의 통증에 비지땀을 글썽이고 있다.

'이 복통은 변의(便意)인가? 아니, 최근 며칠간의 식사 섭취량과 배설량을 따져보면 그건 아닐거야. 혹시나 위장염인가. 어제 위장염에 걸린

아이들을 많이 진찰했으니, 있을 법도 하구나. 설마 지병인 요로결석? 아니야. 아픈 부위가 달라. 레스토랑에 들어와서 갑자기 온도가 바뀌어서 그런가? 음…' 이러쿵 저러쿵 생각하는 사이에 통증이 옅어졌다. '아아, 기분 탓인가. 뭐, 좀 더 지켜보기로 할까'

이런 식으로 신체감각에 의식을 빼앗겨, 신체의 자기주장을 추측하는 작업에 심취해 있었다. 메뉴를 앞에 두고 무엇을 먹을지 정하지 못하고 있는 아야 씨와, 복통 앞에서 꼼짝 못하고 있는 나. 이 두 경험에는 중요한 공통점이 있다고 생각하고 있다.

'사물'과 '사람'이라는 환경 조건을 어떻게 조정할까

뇌성마비로 전동 휠체어 생활을 하고 있는 내게, 철들 때부터 배설 문제는 일상생활에서 가장 큰 곤란함 중 하나였다. 대부분의 아이들이라면 초등학생이 되기 전후로 대체로 배설행위를 스스로 조절할 수 있게 되지만, 나의 경우는 31세가 된 현재에 이르기까지 그 문제에 있어 차질이 있다. 지금도 달에 몇 번은 실금(失禁)을 해 버리고, 그 때의 수치심에, 그리고 뒤처리를 해 주는 사람에 대한 죄송함에 아직도 적응하지 못하고 있다. 그렇기에, '사용하기 쉬운 화장실과 배설을 도와주는 지원의 손길이 있는가'라는 조건이 온갖 행동을 결정하는 데 중요한 요소다.

이 책의 1장에서는 신체 내부의 정보와 외부의 정보 사이에서 수요와 공급 문제의 조정이 잘 되었을 때 〈원행성〉이 생겨나기 시작한다는 이야기를 했다(1장 참조). 다른 많은 사람들과 비교해 볼 때, 나의 경우 배설행위가 가능케 되기 위해 필요한 환경적 조건이 많으므로 이에 대한 조정은 종종 어려움을 겪는다. 예를 들면 스스로 사용하기 위해 필요한 화장실 조건으로, '휠체어를 움직일 수 있는 공간이 있을 것. 앉았을 때 팔꿈치를 걸칠 수 있을 정도의 위치에 손잡이가 달려 있고, 발뒤꿈치가 닿을 정도의 변기 높이. 비데가 달린 것이 더 좋긴 함' 등등, 일일이 나열하기도 힘들 정도다. 처음 사용하는 휠체어 화장실에서 혼자서 해결할 수 있을 가능성은 30% 정도일까. 자택 화장실은 그러한 조건이 갖추어져 있기는 하지만, 그렇다 해도 성공률은 80% 정도이다.

그렇기에 이러한 상황에 있어서 어떻게든 두 번째 환경적 조건, 즉 '배설 지원인'을 필요로 하게 된다. 나의 경우 지원인이 24시간 곁에 있지는 않기 때문에, 정기적으로 와 주는 지원인이 없을 때는 그럴 때마다 지원인을 따로 찾아서 도와달라고 해야 한다. 긴급할 때는 마치 구애와 같은 교섭술이 필요해지는 일도 있다. 배설 지원인은 사물이 아니라 사람이기 때문에, 때때로 그만의 사정이 있다. 어떤 지원인은 허리가 아플 수도 있고, 냄새에 거부감이 있을지도 모른다. 가장 마지막 단계에서 '엉덩이를 닦는 것만큼은 좀…'이라며 도망칠지도 모른다. (실제로 그런 적이 있었다.) 궁지에 몰린 〈필행성〉(1장 참조)의 상태로 미소지으며 이러한 구애를 하는 것은 꽤나 힘든 일이다. '그냥 포기하자'라고 한 적도 더러 있었다.

그럴 때 평소부터 소통이 잘 되어 있는, 나의 캐릭터를 잘 아는 지인이 있으면 얼마나 든든할까. 아야야 씨와 식사하러 갔을 때는 서로 같은 유형의 문제를 공유하고 있다고 자각하고 있으므로 안심이 된다. 변의(便意)를 잠재우려 노를 젓는 것처럼 몸을 흔드는 나에 대해, '그러니까 미리 갔었으면 좋았을 텐데!'하고 초조해하는 것도, '화장실에 가자!'며 행동의 정립을 재촉하는 것도 아니고, '어떻게 할래?'하고 아무렇지 않게 도와주는 것이 정말로 고맙다.

아야야 씨와는 지원인 계약을 한 것도 아니기에, '지원인을 해 주는게 당연'하다는 기대를 하는 것은 위험하다. 그 위험성을 서로 잘 인지하고 있기 때문에, '어떻게 할래?'라는 말이 무엇보다도 도움이 되는 것이다. 왜냐하면 거기에는 내가 가장 원하는 '나는 지금 도울 수 있는 상황이

발달장애 당사자연구 자페인이 몸. 그리고 세계와 관계맺는 방식

에요'라는 정보가 담겨있기 때문이다. 물론, 도울 수 없을 때 '도울 수 없는 상태야'라는 정보 제공을 해 주는 것도 마찬가지로 도움이 된다.

이러한 이유로 나의 외출은 잘 아는 지인과 동반해서 가든지, 실수해도 신경을 쓰지 않도록 혼자서 가든지 양극단이 되기 일쑤다. 잘 모르는 사람에게 둘러싸일 때의 불안은 누구라도 있겠지만, 나의 경우 특히 '이 인적 환경 안에서 화장실에 가고 싶어지면 어떡하지'라는 불안이 거기에 그림자를 드리우고 있는 것처럼 생각된다.

'변의'도 환경에 좌우된다

이처럼 나의 경우, 배설행위에 있어서 신체 안팎으로 조절이 꽤 어렵다. 그리고 '조절이 잘 되지 않으면 〈필행성〉 그 자체도 좀처럼 성립되기 어려워진다'는 아야야 씨의 경험도 충분히 실감할 수 있는 부분이다.

또 나의 경우는, 이러한 조절의 어려움이 그 상류(上流)에 있는 '변의가 일어나고 있다'는 〈신체의 자기소개〉의 정립까지도 거슬러 올라가 영향을 미치고 있다. 조절이 잘 안 되는 것으로 인해 신체감각에 몰두하는 경우가 늘어 많은 사람이 잠재울 법한 신체감각까지 느껴버리기 때문에, 매번 '변의'라는 〈신체의 자기소개〉가 정립되기 힘들게 되는 것이다. (아야야 씨의 경우는 신체의 자기소개 정립이 느린 것이 일차적인 원인이며, 그 결과 주변 환경과의 조절이 좀처럼 되지 않는 것으로 생각된다. 나의 경우는 반대로, 환경적 상황과의 조절이 잘 되지 않는 것이 일차적인 원인으로, 그 결과 소급적으로 신체의 자기소개가 정립되기 어려워지는 것 같다. 이것들 사이에 차이가 있는지 없는지는 향후 검토가 필요하겠다.)

그리고 나도 '지원인이 있을 때, 변의가 없어도 미리 화장실에 갑니다'라는 〈종행성〉을 도입하고 있다(1장 참조). 하지만 그러한 〈종행성〉

으로 움직이고 있음에도 불구하고, (아야야 씨와 마찬가지로) 누차 〈필행성〉까지 고조되는 나날을 보내고 있다. 보통의 방법으로는 해결이 잘 되지 않는다.

3. 전동 휠체어와 '어포던스'

식권 발급기에 당하는 사람, 당하지 않는 사람

아야야 씨와 어느 학생식당에 들어갔을 때이다. 그 식당은 처음에 식권 발급기에서 식권을 구매하고 나서 배식 코너에 줄을 서서 음식을 받는 시스템이다. 하지만 발급기는 계단을 올라가야 보이기 때문에, 휠체어를 타고 있는 나는 평소에 식권을 사지 않고 직접 배식 코너로 가서 구두로 주문하고 있다. 이날도 나는 배식 코너에서 하이라이스를 주문하고 앞자리에 앉았다. 아야야 씨는 계단을 올라가서 혼잡한 식권 판매 장소에 갔다.

조금 지나서 아야야 씨가 돌아왔지만, 배식 코너로 향하지 않고 내가 있는 곳으로 왔다. 아야야 씨는 미간을 찌푸리며 '우-, 우-'하고 목소리를 흘리며 몸을 좌우로 흔들고 있었다. 감각포화에 의해 조용하게 얼어버렸거나 공황이 일어나고 있다는 것을 대번에 알 수 있었다. 아마도 백화점 지하에서 쇼핑할 때와 같이 '자극', '자기소개', '어포던스'가 추려지지 않은 채 우르르 밀려들어와, 아야야 씨의 '먹고 싶다'는 희미한 〈원행성〉과 함께 분쇄되어 버린 것이리라. 이렇게 되면 '뭘 먹고 싶어? 고르거나 사는거 도와줄게' 따위의 거듭은 더욱 포화를 가속시키는 부채질밖에 되지 않는다. 결국 내가 산 하이라이스를 슬픈 기분으로 의욕을 잃은 채 둘이서 나눠먹게 되었다.

나는 그 식당의 식권 코너가 어떠한 배치로 진열되어 있는지 가본 적이 없기에 몰랐지만, 가본 적 있는 여러 사람의 이야기를 나중에 들어보니

발달장애 당사자연구 자폐인이 몸, 그리고 세계와 관계맺는 방식

모두 한결같이 '특히 처음 갔을 때는 어떠한 순서로 무엇부터 해야 좋을지 알기가 힘들고 혼란스럽다'는 의견이었다. 많은 사람에게 있어서 '행동 결정이 쉬운 배치'란 어떠한 것일까. 이것은 우리가 나중에 해야 할 연구 과제 중 하나이다.

휠체어가 소통의 수준을 낮춘다

한편, 나에게 있어서 계단 위의 식권 코너는 나와 관련없는, 있든 없든 상관없는 존재이다. 애초에 계단부터가 '올라갈래?'하는 어포던스를 발생시키지 않고, 하물며 식권 발급기는 본 적도 만진 적도 없는 상상의 사물이다. 나에게 있어서는 배식 코너에서 일하시는 분이야말로 음식을 받는 행위를 가능하게 하는 중요한 환경 요소이다. 나의 신체와 배식원과의 소통이 잘 되어감에 따라 그 행위가 부드럽게 행해지고, '먹고 싶다'는 〈원행성〉이 분쇄되지 않고 원만히 끝나는 것이다.

그럼 아야야 씨도 나와 같은 전략을 취할 수 있을까? 바꿔 말하면, 식권 코너에 가지 않고 직접 배식 코너에 가서, 수어 또는 필기로 무엇을 먹고 싶은지를 전달하는 해결 방식이 가능할까? 물론 불가능한 것은 아닐지도 모르지만, 거기에는 명백히 내 경우와는 비교되지 않게 높은 허들이 있다. 나의 경우는 전동 휠체어에 타고 있다는 시각 정보에 의해 식권을 살 수 없다는 것을 한 눈에 알아볼 수 있으므로, 배식원 분도 그것을 받아들이고 움직일 수 있다. 소통의 어려움이 발생하지 않는 것이다. 한편 아야야 씨의 경우, 언뜻 봐서는 왜 식권을 사지 못하는 건지 모른다. 배식원 분께 파워포인트를 사용해서 30분 정도 장애에 대해 발표하는 것이 아니라면, 아마 이해하지 못할 것이다. 아니, 아마 배식하시는 분에게는 그럴 시간도 없고, 이해받을지 여부도 분명치 않다. 장애에 대한 지식을 공유하지 않은 상태이기에 배식원이라는 환경적 요소와 소통이 잘 되지 않는 것이다. 식권 코너와의 소통도 어렵고, 배식원과의 소통도 잘 되지 않는다면, 현 시점에서 얼어버림이나 공황은 피할 수 없다.

따라서 이를 해결하기 위해서는, 잠재적 지원인들에게 이러한 장애에 대해 널리 인지시키는 것과 '행동 결정이 쉬운 배치'라는 새로운 배리어 프리(barrier-free)의 틀을 만들어 가는 작업 두 가지가 필요할 것이다.

세계가 나를 손짓으로 부르다

'환경과의 조정이 잘 되지 않는다'는 말을 들으면 내게 생각나는 것은, 초등학교 이전의, 아직 전동 휠체어와 만나기 전의 세계이다. 서는 것, 걷는 것을 목표로 하고 있던 당시의 재활로서는 전동 휠체어에 탄다는 것은 '악(惡)'이었다. 당시 나는 파충류처럼 땅바닥을 기며 이동하곤 했다. 앞서 서술한 식당의 식권 코너처럼 손이 닿지 않는 사물, 나와의 관계가 끊어진 사물이 지금보다도 대량으로 있었다. 세계가 2차원으로 펼쳐져 있었다고 한다면 표현이 지나칠지 모르지만, 오직 손에 닿는 마루의 모양이나 쓰레기, 장난감만이 나에 대해 〈자기소개〉를 하고 있었다. 그리고 그러한 손에 닿는 사물들에 의해 2차원의 〈이야기〉가 만들어지고 있었다.

마루에서부터 거리가 제법 되는 사물이었던 책장, 책상, 자판기, 철봉, 그네, 교내 정원의 나무 등은 내 쪽은 바라보지 않고, 다른 아이들과 놀고 있었다. 하지만 신기하게도 나 또한 (다른 아이들처럼) 그러한 종류의 사물과 얽히고 싶다고 적극적으로 원하고 있던 것은 아니었다. 닿을 수 없다는 것이 너무나 명백했기 때문에 〈원행성〉 자체가 별로 나오지 않았다고 할 수 있을지도 모르겠다.

그러던 중, 중학생이 되어 내가 강렬히 희망하던 전동 휠체어를 탈

수 있게 되고서 세계가 격변했다. 이제까지 단면으로 넓어지는 황야와 같던 지면은 나에게 '어서 나아가렴'하고 권유했고, 자판기는 '사 볼래?' 하고 손짓을 하고, 책장의 책은 '읽어보지 않을래?'하고 권하고, 먼 곳의 광장이나 공원조차도 손짓을 해오는 듯했다. 그에 따라 내 안에서도 변화가 일어났다. 차례차례로, '해보고 싶다', '가보고 싶다'는 마음이 북받쳐 오른 것이었다. 그것은 동시에, '하고 싶은데, 역시 하지 못했어'라는 새로운 좌절감의 시작이기도 했지만, 그와 같은 희비의 교차를 포함하여 확실히 나는 지금까지 여태까지 이어지지 못했던 세계와 이어질 수 있게 되었다.

4. 재활 중의 '꿈 침입'

재활이라는 악몽

철이 든 때부터 중학생이 될 무렵까지 나는 하루의 꽤 많은 시간을 '동작 훈련'이라 불리는 재활에 소비하고 있었다. 당시 최면 연구에서는 '뇌성마비 아이에게 최면술을 걸었더니 움직일 수 없던 손이 움직이게 되었다'라는 [현재는 그른 것으로 결론난] 놀라운 보고가 발표되어 주목을 끌고 있었다. '뇌성마비 아이는 뇌 이외의 신체는 정상이다. 그들이 스스로 동작을 잘 하지 못하는 것은 신체에 문제가 있기 때문이 아니라, 그 신체를 조종하는 심리 과정에 문제가 있는 것이다'라는 설이 유포되기 시작하여, 종래의 정형외과적인 재활에 대항하는 형태로서 심리학적인 접근이 생겨났다.

'보통의' 동작을 할 수 없는 이유를 신체가 아닌 심리에서 찾는다는 생각은 언뜻 보기에 희망을 주는 것처럼 생각된다. 신체의 문제라면 포기할 수밖에 없지만, 심리에 문제가 있는 것이라면 그것이야말로 '노력'

이나 '궁리', '마음 먹기'와 같이 어떻게든 동작 패턴을 바꿔 볼 수 있는
것 아니냐는 높은 기대를 하도록 만들기 때문이다.37)

재활에서는 1회 2시간 정도로 각각 주어진 과제의 자세나 동작을 반복
연습시킨다. 나의 경우는 매우 아픈 스트레칭부터 시작해서 책상다리
자세나 무릎으로 서기, 한쪽 무릎으로 서기, 일어서기 등이 몇 년에 걸쳐
과제로 주어졌다. 그 중 어느 과제라 할지라도 이를 '일반적'인 것처럼
소화해야 한다는 것은 내게는 영원히 무리한 요구였다. 그럼에도 조금
이라도 일반적 자세나 동작에 가까워지기 위해, 질리지도 않고 10년 이상
재활이 이어졌다.

잘 안 될 때는, '노력과 궁리의 방식이 잘못되었기 때문이다'라고
여기며 그 원인을 심리나 인격에 귀결시켜 손가락으로 내 몸의 일부를
쿡쿡 찔러가며 '여기를 딱 펴는 거야! 그래 그래. 아니야! 좀 더 여기!'
등, 하나하나 근육의 사용 방식까지 지적받았다. 이는 하나의 자세나 동
작을 극한의 단계까지 미세한 행위로 분해시켜 수정을 가하는 듯한 작
업이었다. 당시의 나는 '대퇴 사두근의 근 긴장 상태 따위를 생각하면서
걷는 비장애인은 없지 않을까'하고, 의문을 가지고 있었다.

'나는 사라졌다'

3장에서는 〈꿈 침입〉이 되기 쉬운 원인으로, 신체 내외에서의 정보가
정립되지 않고 포화하는 경향에 대해 서술하였다. 내가 재활을 받는 중
에도 자주 〈플래시백〉이나 〈이야기〉가 침입해 왔지만, 그 배후에도 3장
에서 서술한 감각포화가 있었다고 생각한다. 정보처리가 정말 불가능할

---

37) 이러한 의미에서의 '과잉 심리학화(化)'는 일부 인지행동요법에서도 관찰된다.
    의미나 행동의 정립 패턴은 연습에 의해 어떻게든 바꿀 수 있다는 심신이원론
    (心身二元論)적인 환상이 그 속에 놓여 있다는 느낌을 갖지 않을 수 없다.

정도로 많은 근육의 각 부분을 두루 의식하는 것이 요구되고, 수의적(隨意的)으로 다루지 못할 법한 근육까지 의식을 집중하여 현재화(顯在化)시키고 움직임을 지시받기 때문에, 대체 어떻게 해야 좋을지 모르게 된다. 전신의 근육에서 전해지는 신체감각이나 많은 행위의 선택지가 정립되지 않은 채 넘쳐난다. 그뿐만이 아니다. 무작정 반복되는 동작은 〈영원 모드〉 그 자체였고, '무리한 난제를 강요받고, 이를 못하면 추궁받을 것이다'라는 불안, 공포심, 분노의 감정은 〈물 필터〉와 닮은 상태를 야기시키고 있었다.

어쨌든 나는 재활 중에 자주 〈꿈 침입〉을 당하고 있었다. 아픔이 극한으로 치닫거나 포화로 머리가 움직이지 않게 되면, 의식이 몸 밖의 외부 세계로부터 유리되든지, 외부 세계의 단편(천장의 더러움 등)으로 한정되곤 했다. 유체이탈을 하는 일도 자주 있었다. 전신의 근육에서 보내는 신체감각은 제각각이었고, 아픔도 별로 느끼지 않게 되었다. 치료사의 표정이나 행위, 말투 만이 단편적으로 들어왔으며, 그 의미를 파악할 수 없는 상태에 빠지곤 했다. 분노나 공포심만이 확실한 존재감을 가지고 내 안에 있었고, 자신 스스로나 눈앞의 치료사를 상처 입히고 싶다는 충동이 일어나기도 했다.

이런저런 상황 속에서 좀 더 환상적인 〈이야기〉의 세계가 반복적으로 넓혀지기도 했다. '히어로가 되어 오른손에서 불가사의한 충격파를 방출하여 재활 시설을 모두 태운다'든지, '숨기고 있었지만 실은 나는 뼈가 없으므로, 어떤 식으로 짓눌리거나 쿡쿡 찔려도 여차하면 스르륵 하고 빠져나갈 수 있다'든지, '나는 사라졌다'라든지 말이다.

어느 쪽이 꿈속인가

많은 이들은 특별히 의식하는 일 없이, 서 있거나 걷거나를 '자동적으로'

행하고 있다. 마치 동작의 패턴을 지시하는 프로그램이 설치되기라도 한 듯, 헤매는 일 없이 부드럽게, 재빠르게 그것을 행하고 있다. 하지만 이유가 어찌 되었든 나의 몸은 많은 사람이 작동시키고 있는 '걷는 법' 등의 프로그램을 용이하게 받아들여주지 않는다. 4, 5장의 말을 사용하면, 그것들은 단편적으로 〈침입〉할 뿐이고, 그 전체가 〈거둬들여지는〉 일이 없는 것이다.

생각해 보면, 많은 사람이 일상적으로 비슷한 〈의미나 행동의 정립 패턴〉을 가지는 것은 신기한 일이다. 최면술에 걸린 사람에게 비합리적인 패턴이 주입되어 무조건적으로 그 패턴을 따르고 마는 현상이 있는 것처럼, 모두가 같은 패턴을 취한다는 것도 같은 프로그램이 주입된 집단 최면이라 말할 수도 있지 않을까. 그러한 의미에서 재활치료사는 나의 '심리'에 많은 사람들과 같은 프로그램을 주입시키려 집요하게 최면을 걸었지만, 나의 신체는 그것을 받아들이지 않았다고도 할 수 있다. 그 대신에 독자적 꿈의 세계에 들어가고 말았다. 유감스럽게도 말이다.

한편 아야야 씨의 경우는, 프로그램의 설치가 느리고 한 번 설치된 프로그램도 (사라지거나 하진 않지만) 옅어지기 쉽다고 할 수 있을지 모른다. 바꿔 말하면, 많은 사람들보다 최면에 걸리기 어렵고, 걸리더라도 빠져나오기 쉬운 것이다. 이 말은 언뜻 보기에 3장에서 서술한 '〈꿈 침입〉이 일어나기 쉽다'는 특징과 모순되는 것처럼 생각될지도 모르지만, 나는 그렇게 생각지 않는다. 오히려 많은 사람들은 주류가 공유하고 있는 꿈에서 나오기 힘들기 때문에, **다른 꿈이 침입할 여지가 없는 것**이다.

다음으로 서술할 '자취' 에피소드는 내가 내 고유의 동작 패턴을 손에 넣기까지의 과정이다. 5장에서 살펴본 것과 같이, 아야야 씨는 많은 사람이 공유하는 '입으로 말하는' 행동 프로그램을 받아들이지 않는 신체를 갖고 태어나, 청각장애 학생들의 세계를 통해 스스로 자신의 행동과 표현에 대한 프로그래머가 되었다. 이 작업과 마찬가지로, 나도 자취에 있어서 스스로의 신체에 부합하는 패턴을 천천히 프로그래밍해 갔다.

5. 자취로 '사물과 이어지다'

사물과 함께 만든 '나의 동작'

4장에서는 아야야 씨가 나의 특유의 동작을 거둬들여 재현했던 에피소드가 소개되었다. 예를 들면 나는 컵을 양손의 손등 사이로 끼우듯이 해서 든다. 뭔가 가져와 주길 바라는 것이 있을 때는 검지가 아닌, 왼손의 새끼손가락으로 가리킨다. 이와 같은 내 일상의 동작을 아야야 씨는 어느 새 거둬들여, 본인도 모르는 사이에 높은 정밀도로 재현하곤 한다. 정말 신기하고 놀라운 광경이다.

이러한 내 특유의 동작은 태어날 때부터 가지고 있던 것이 아니다. 그 대부분은 반복되는 일상 속에서 다양한 사물과 얽혀들어가는 중에 형성되어진 것이다. 그러므로 하나하나의 동작 속에는 내 신체의 특징과, 얽혀 있는 사물의 특징 둘 다의 색채가 진하게 반영되어 있다. 특히 자취를 시작한 이후로는 여러 사물과 직접 접촉할 기회가 늘었기 때문에, 급속하게 동작의 범위도 늘었다.

화장실과의 격투

18세 무렵, 나는 부모님 슬하에서 떨어져 자취를 시작했다. 그 이전에는 화장실 사용이나 목욕, 환복 등 신변에 관한 것들은 모두 부모님에게 맡겼기 때문에, 어떻게 하면 혼자서 살아갈 수 있을까 도무지 짐작이 가지 않았다. 당시 나는 '부모님이 돌아가신 후엔 나는 객사하고 마는 걸까'라는 막연한 불안을 품은 채 나날을 지내고 있었다. 그렇기에 대학 진학과 함께 찾아온 자취 시작의 기회를 놓쳐서는 안 된다는 초조함이 있었다.

전혀 비전을 갖지 않은 상태로 시작된 자취는, '자취방 방바닥 위에 털썩 누워 있는 자신'의 상태로 막을 열었다. 최소한의 식재료, 그리고 궁지에 몰렸을 때 누군가에게 SOS를 하기 위한 휴대전화를 손이 미치는 곳에 둔 상태로, 부모님께는 1주일간 집으로 가 계시라고 했다. 방 안에는 침대와 화장실, 욕조, 부엌이 있었다. 그 어떤 것도 혼자서 사용해 본 적 없는 것들이라, 쓸 수 있을지 없을지조차 몰랐다. 사물과 나 사이, 일대일로 시행착오를 겪지 않은 사물로부터는 무엇하나 어포던스가 발생하는 일이 없었다. 어찌할 바를 모른 채 멍하니 있던 때, 머지않아 엄습해 온 것은 변의(便意)나 요의(尿意)였다. 나는 화장실 쪽으로 기어갔다. 이동속도는 초속 10센티 정도였으므로, 화장실은 아득히 멀리 느껴졌다. 2분 정도 걸려 겨우 도착하여 변기에 손을 걸쳤다. 차갑고 딱딱했다. 그 상태로 양팔에 힘을 주어 무릎으로 일어서려고 하니 변기 뚜껑이 흔들렸다. 생각하던 것보다 견고하지 않은 사물이라는 것을 거기서 처음 알았다. 나 자신의 몸도 꽤 무거웠고, 숨이 찼다. 무엇보다도 화장실 안이 좁아 동작을 취하기 힘들었다. 어떻게든 무릎으로 서는 자세를 취하고, 거기서 잠깐 한숨을 돌렸다. 1분 정도 한숨 돌리고서 그 다음엔 바지와 속옷을 벗고 벽에 손을 대고 일어서려 했지만, 몇 번을 시도해도 잘 되지 않았다.

실패할 때마다 어느 것이 잘 안 되었는지 내 나름대로 반성해 보았다. 무릎의 위치가 조금 왼쪽이었었나, 손 위치가 너무 멀었나, 힘을 줄 때 등을 너무 젖혔나 등등. 일어선다는 하나의 동작을 세밀한 몇 가지의 일거수일투족으로 분해하여, 하나 하나를 재검토해서 다시 맞추어 봤다.

행동의 계층구조에 관해 논한 1장과 4장의 논의를 빌리자면, '한 번 정립된 행동 패턴을 미세한 낮은 차원의 동작으로 분해하고, 그것들을 개량해 다시 새로운 패턴으로 정립한다'는 것을, 실패할 때마다 반복하

발달장애 당사자연구 자폐인이 몸. 그리고 세계와 관계맺는 방식

고 있는 것이었다.

머지 않아 시간제한이

시간제한이 서서히 다가오는 것을 알 수 있었다. 이대로는 실패해 버리고야 말 것이다. 노를 젓듯 몸을 흔들어 변의(便意)를 잠재우고 일어서려고 도전했지만, 몇 번을 해도 잘 안 되었다. '변의를 잠재우고, 잘 일어서지 못하고, 또 다시 변의가 덮쳐 오는' 사이클이 몇 번이나 반복된 것일까. 반복할 때마다 몸은 서서히 피곤해졌지만, 그것과 정반대로 변의는 점점 더 강해졌다.

몇 번째인지 모르는 반복으로 어느새 변의를 잠재우는 것은 불가능해졌고, 그대로 포기하고 누워버렸다. 하지만 적어도 실금(失禁)은 하지 않게 되었다며 식은땀을 흘렸지만, 그러한 노력도 수십 분 지나고서 한계를 맞이하여 굴욕과 패배감이 덮쳐오게 되었다.

이런 화장실로는 잘 안 되겠다 깨닫고, 근처의 인테리어 업체에 화장실의 구조 변경을 의뢰했다. 의뢰라 해도, 사전에 어떤 화장실이라면 괜찮을지 알지 못했기 때문에, 업체와의 시행착오를 거쳐 화장실을 손본다는 느낌이었다. 화장실이 조금씩 변할 때마다 나도 거기에 맞추어 〈행동의 정립 패턴〉을 바꾸고 다시 도전해 보았다. 잘 안 될 때는 업체에게 '여기를 조금 더 이렇게 하면 안 될까요?'하고 피드백을 주었다. 그렇게 해서 화장실과 나 자신의 행동 패턴이 함께 변화하며 조금씩 조정이 가능하게 되었다.[38]

---

38) 온갖 생물은 주변 환경에 대해 부단히 변화를 거듭한다. 그 변화 패턴을 정하는 것은 각 생물의 신체적인 특징이다. 즉, 생물은 신체·환경과의 조정을 위해 스스로의 신체를 환경에 맞추어 변화시켜갈 뿐 아니라, 반대로 주위의 환경을 스스로의 신체에 맞도록 계속 변화시켜 나간다. 그와 같이 하여 만들어진, 신체와 맞추어 조정된 국소환경을 '생태적 지위' 혹은 '니치(niche)'라 한다. 이렇게 하여 만들어진

눈빛의 공유

이와 같이, 나는 우선 화장실과 이어지고 이어서 샤워실과 이어졌다. 그리고 밖의 세계로 나를 권유하는 현관과 이어졌다. 최종적으로 완성한 나의 동작이나 〈행동의 정립 패턴〉이라는 것은, 많은 사람이 화장실을 쓰는 방법이나 샤워하는 법, 현관에서 나가는 법과는 닮은 듯 닮지 않은 것이었다. 이는 이전의 재활치료사에게는 맘에 들지 않는 것일지도 모른다. 하지만 사물과의 대화도 없이, 불쑥 '보통'의 동작을 흉내 내려고 하던 재활 당시보다도, 좀 더 나긋나긋하게, 자동적인 습관으로서 움직이는 것이 가능한 신체를 얻게 되었다는 느낌이 들었다.

나의 신체를, 혹은 나의 역사가 새겨져 있는 이러한 〈행동의 정립 패턴〉을 아야야 씨가 거둬들여 모방하는 모습을 보고 있으면, 마치 내 자신이 아야야 씨에게 옮겨간 듯한 신기한 인상을 받는다. (동작 침입의 연장선상에서) 캐릭터나 눈빛이 자신에게 들어온다는 4장에서의 서술처럼, 이 예에서도 아야야 씨는 표면적으로 나의 동작을 흉내 내고 있을 뿐 아니라, 동작의 공유를 통해 내가 컵이나 화장실, 샤워실에 쏟고 있던 눈빛까지 공유하고 있다는 것을 느낄 수 있었다.

많은 사람이 무심결에 대응하고 있는 〈의미와 행동의 정립 패턴〉을 우리 같은 소수자들은 여러 가지 이유로 대응하지 못한다. 그 대신 손을 더듬듯이 자신만의 패턴을 천천히, 그리고 신중하게 정립하게 된다. 또한 많은 사람들은 이미 정립된 동일한 패턴을 거두어 받아들임으로써 서로 이어져 있는 감각을 얻을 수 있지만, 소수자는 그것도 불가능하다. 그 대신 손을 더듬듯이 서로 공유할 수 있는 의미나 행동의 패턴을 천천히 신중하게 정립하게 되는 것이다. 물론 같은 신체를 가진 것이 아

니치는 다시 신체에 영향을 주기 때문에, 신체와 주위 환경은 상호 영향을 주며 공진화(共進化)하고 있다고 할 수 있다. 이처럼 생물은 유전자만이 아니라 니치를 다음 세대에 계승하고 있다. 비버에게 있어 댐, 거미에게 있어 거미집이 니치의 예이다. 내게 있어 자취방 방구석의 어포던스와 다를 바 없어 보인다.

발달장애 당사자연구 자폐인이 몸, 그리고 세계와 관계맺는 방식

닌 이상, 완전히 같은 패턴을 공유할 수는 없을 것이다. 하지만 자신의 패턴을 회의적으로 살피고, 분해하고, 또 새로이 재정립하는 '자폐적인' 작업을 상호 간에 중첩시켜 나감으로써 서로 다가갈 수는 있으리라.

많은 독자분들이 자신의 패턴을 분석하고, 다른 신체를 가진 타인의 세계를 상상해보며 이 책을 읽어 준다면 기쁘겠다. 그렇게 함으로써 서로 다른 여러 사람들이 천천히, 그리고 신중하게 이어지는 것, 그것이 우리가 이 책을 통해서 실천하고 싶었던 것이다. 이상으로 펜을 아야야 씨에게 돌려주고자 한다.

6. '소외된' 당사자끼리 이어지다

마지막으로, 나(아야야)는 뇌성마비 당사자인 구마가야 씨와의 관계 속에서 느낀, 하나의 '이어짐'을 서술하고자 한다.

'상호신체성'이라는 단어

2006년 12월, 구마가야 씨와 함께 오하시 히로에 씨의 수어 노래 워크숍 발표회를 보러 갔다. 전신으로 부르는 히로에 씨의 수어 노래에 감동하고, '좋은 표현이었지. 굉장한 느낌이 전해졌어'

하고 내가 말을 걸자, 구마가야 씨는 조금 곤란한 표정으로, '그렇기는 하지? 그런데 솔직히 잘 모르겠어. 시각으로 움직임을 거둬들여 상상하는 것에는 익숙해져 있을 건데도, 나한테는 잘 와닿지 않았어'하고 말했다. '저렇게 감정 표현이 풍부하고 훌륭한 수어 노래에 대해 "잘 모르겠어"라 반응하는 것은 무슨 말이지'하고, 나는 조금 충격을 받았다. 그러한 구마가야 씨의 말의 이유를 계속 생각하고 있었을 때, '상호신체성'이라는 단어와 만났다.

상호신체성이란 메를로-퐁티(Merleau-Ponty)가 개발한 용어로, '상대의 몸에 생기는 것과 유사한 상태가 자신의 몸에도 생기는 몸의 존재 방식'을 말한다. 유사하게, 양육의 실천을 논하는 책에서 무토 다카시(無藤隆)는 "같은 장소에 있으면서 표정이나 몸의 동작을 공유하는 것이 인간관계의 기본"이라고 하면서, "마음과 몸은 밀접하게 결부되어 있어," "타자(他者)와 같은 움직임을 하는 것"은 "다양한 마음을 잇는" 것이라 주장한다. 나아가 그는 "같은 움직임을 취한다는 것은, 자기 자신에게 있어서는 내수용적 신체감각에 의해, 타자(他者)에게 있어서는 시각으로 호소하는 것에 의해 (…) 친밀함이나 공동의 감각에 확실한 실재감(實在感)을 불러일으키는" 것이 가능함을 말하고 있다.[39]

나는 이러한 논의와 구마가야 씨의 태도에서 추측하건대, 몸을 [다수가 따르는 방식에 맞춰, 쉽게] 움직일 수 있는 사람은 상호신체성에 의해 비슷한 움직임을 함으로써 서로간에 비슷한 심리감각을 느낄 수 있는 것은 아닌가 하고 생각했다. 즉, 〈상호신체성에 의한 움직임의 공유 → 심리감각의 공유 → 장(場)의 공유 → 친밀함과 공동감각〉이라는 흐름이 있는 것은 아닐까. 반면 구마가야 씨의 경우는 몸을 타인과 유사하게 움직일 수 없으므로 상호신체성 부전(不全)이 생기고 그로 인해 심리감각의 공유에 다다르지 못하여, 춤을 봐도 '좋은지 잘 모르겠다'는 결과로 이어지는 것일 수도 있다.

2인 3각[40]으로 이어지다

그로부터 한참이 지나, 구마가야 씨와 춤추는 장면이 나오는 영화 DVD를 보던 차였다. 나는 그의 뒤로 돌아가, 2인 3각처럼 춤의 움직임

---

39) 無藤隆,『保育実践のフィールド心理学』, 北大路書房, 132-135면.
40) [옮긴이 주] '2인 3각'의 일본어 원문은 '二人羽織 (ふたりばおり)'으로, 이는 두 사람이 하나의 겉옷에 들어가 행하는 일본의 전통적 익살극 중 하나이다. 번역에서는 이와 뜻이 통하는 '2인 3각'으로 옮겼다.

에 맞추어 리듬을 타며 구마가야 씨의 손발을 움직이고, 몸의 흔들림을 전달했다. 그러자 구마가야 씨는 진지하게 "와 즐거워. 이런 느낌이구나. 영화의 세계가 가까이 다가왔어"하고 말했다. 이를 듣고, 역시 비슷한 움직임을 하는 것에 의해 비슷한 심리적 감각을 맛본다는 것을 느낄 수 있었다.

뇌성마비는 신체의 움직임에 장애가 있으므로, 많은 사람들은 이를 '보이는 장애'라 생각한다. 보면 바로 알 수 있는 장애이기 때문에, 불가능한 것이 있겠다는 짐작은 하기 쉽다. 그러나 실은 상호신체성 부전에 의해 심리감각의 공유를 얻지 못하여, 심리적 차원의 '보이지 않는 장애'도 뇌성마비에 내재되어 있다고 한다면, 이는 인간의 의사소통을 생각했을 때에 중요하게 여겨져야 하는 중한 장애라 할 수 있겠다.

'같은 움직임이 불가능하다는 것'이 곧 '함께 같은 기분을 맛볼 수 없다는 것'이라면, 신체에 장애가 있는 이들 또한 주변 인간 세계에서 일어나고 있는 사람들의 마음의 움직임에 공감하지 못하고, 선이 그어진 감각, 결코 상대의 세계로는 다가갈 수 없다는 '소외감'을 맛보고 있는 것은 아닐까 하고 생각했다. 자폐권에 속한 우리들과 마찬가지로 말이다.

들을 수 없는 사람들이 음성언어의 세계 속에서 소외감을 느낀다는 것은 내게 있어서 상상하기 쉬운 것이었다. 말하는 것에 어려움을 느끼고, 사람들 속에서 원인 모를 고독을 느꼈던 나는, 분명 나와 비슷한 고독을 경험하고 있는 동료와 만날 수 있으리라 생각하며 들을 수 없는 세계로 뛰어들었다. 하지만 몸이 움직이지 않는 사람도 상호신체성 부전 때문에 나와 같은 고독한 심리 상태에 빠질 가능성에 대해서는 지금까지 생각해본 적이 없었다. 여기서 나는 또 다시 새로운 '소외의 동료'를 발견한 듯한 느낌을 받았다.

같지도, 다르지도 않은

원고가 끝나 간다. 퇴고 단계에 들어서고서, 나는 맹렬한 우울 상태에 돌입했다. "할 일이 없어져간다. 무서워. 뭔가 매진하지 않으면 망가지고 말거야. 살아갈 자신이 없고 앞날이 캄캄해."

그렇게 말하자, 구마가야 씨는 돌연 언짢아하며 대답했다. "유명하지도 아무것도 아닌 우리가 결국 출판해냈다는 걸로는 만족할 수 없을까요? 아야야 씨의 욕망은 끝이 없는 건가요."

아니다. 그런 말은 하지 않았다. 4장에서 본 바와 같이, 나에게 있어서 습관화된 나날의 〈행동의 정립 패턴〉을 잃는 것은 자아를 잃는 것과 같다. 주된 습관이 없어지는 것은 행동에 있어 즉각적인 선택이나 결정을 못하게 만들기 때문이다. 그 결과, 나는 자신의 존재가 제멋대로 흩어질 것만 같은 공포에 빠지고 만다. 행동을 어떻게 선택해야 할지 모르겠는 것은 일상의 미세한 수준에 다다르고, '지금 나는 홍차를 끓이고 있지만, 이 시간에, 그리고 이 타이밍에 이것을 하고 있는 나는 옳은 걸까. 괜찮은 걸까' 하며 불안하게 된다.

따라서 가뜩이나 쉽게 풀려버리는 〈의미와 행동의 정립 패턴〉을 어떻게든 정립해가기 위해서, 나는 '지금 내가 주로 몰두하고 있는 것은 이 것이다'하고 자각할 수 있는 것을 나 자신에게 계속 부여해 갈 필요가 있다. 또한 해야만 할 과제가 없어지고 〈의미와 행동의 정립 패턴〉이 풀어질 때는, '나는 누구인가'라는 자아상이 해체되어 버리는 때이기도 하다. 즉, '나는 원고를 쓰고 있는 사람'이 아니게 되고 만다는 것이다. 그 결과 나 자신에게 틈이 생기고, 거기에 외부로부터의 여러 시선이나 의도가 침입하여 선취되기 쉽게 되어버린다. 게다가 그러한 시선에 의해 자신을 도려내, '이런 나는 안 될 인간이야'하며 질책하는 〈도시순환 고속도로〉의 순환이 작동을 시작한다(3장 참조). 이것 또한 내겐 무서운 일이다.

선취하려는 시선은 수없이 많지만, 특히 지금은 '원고 작성'이라는, 일상에서 벗어난 일을 이유로 면제받고 있던 가사노동을 다시 나에게 기대하는 가족의 시선이 침입해 왔고, 이것이 나를 두렵게 하고 있다. 그리고 그 기대를 저버릴 경우, 〈'밖에서 돈도 못 벌어오는 사람' + '집안 일도 못하는 사람' = '아무것도 하지 않는 무능한 사람'〉이라는 시선이 다시 나를 향하게 된다. 그것이 너무나도 무서운 것이다.

'이혼하여, 친정으로 돌아간, 아이 딸린, 무직'이라는 네 박자가 갖추어진 나는, 한심한 시선을 받기에 부족함이 없다. 그런 나를 어떻게든 살게 해준 것이 이 1년의 원고 작성이었다. 어머니에게 가사노동을 거의 위탁하고, 아이들로부터는 함께 지낼 시간이 조금 부족해지는 것도 용서받으며 원고를 작성해 나갔다. 하지만 그 면제 기간이 끝나버리면, 나는 또 '무능한 사람'으로 매몰되어 버리는 생활이 시작되고 만다. 멀리 있는 타자가 아닌, 가까운 가족들로부터의 '아무것도 하지 않는 사람'이라는 시선이 고통스럽다. 그 시선이 침입하고, 자책하며 고통받는 생활이 재개된다.

문장을 쓰는 일이라면 나는 보통 사람처럼 할 수 있다는 것을 알고 있다. 문장의 세계에 있을 때 나는 자유로운 사람이 된다. 실생활에서의 '날개가 꺾여진 무능한 사람'으로부터 해방되어, 작지만 자신의 세계를 쌓아올릴 수 있는 기쁨이 있다. 하지만 가사 활동, 보다 구체적으로는 '장보기, 식사 준비, 설거지, 정리', 이 네 가지는 정보를 간추리고 정립하는 작업 그 자체이며, 매일 반복되는 이 일은 나에게 커다란 부담을 준다. 그러한 일들을 내가 결코 못한다는 것은 아니다. '천천히 신중하게' 해도 괜찮다면, 오히려 남들보다 잘할지도 모른다. 하지만 매일의 생활이라는 것은 그럴 수는 없다. 아침밥은 7시 15분까지 짓지 않으면 가족이 지각하고 만다. 저녁밥은 18시까지 짓지 않는다면 아이들이 배고파한다. 정리를 깔끔하게 않으면 식기나 옷, 종이류가 산처럼 쌓인다. 그 어느 것도 재빠르고 매끄럽게 하지 않으면, 생활이 정체되어버리고 만다.

어머니가 가사 활동을 손쉽게 소화하고 있는 것을 봐왔고, 나 스스로도 당연히 간단하게 할 수 있겠다고 생각하고 있었다. 그리고 실제로 나도 어떻게든 소화해 내고 있었기 때문에, 실은 그것들이 내게 커다란 부담을 주고 있는 것을 알아차리지 못했다. 그러한 나 자신의 이유를 모른 채, 나는 어째서 이렇게 지쳐 잠에 빠져들거나 우울에 빠져버리고 마는 것일까 하며, 자신을 잃어가기만 했던 것이다.

그리고 2년 전, 결국 심신이 파탄나고 친가로 돌아오게 되었다. 한 차례 과하게 무리하고 결국 파탄이 난 장소는, 많은 사람들에게 있어 두 번 다시 돌아가고 싶지 않은 공포의 장소로서 기억되는 것 같다. 음식 준비를 중심으로 한 가사노동의 세계라는 것은, 나에게 있어서 바로 그런 장소다.

원고 작성이 끝나면 다시 그 영원히 끝나지 않는 집안일에 쫓겨, 비실비실 잠에 빠져드는 나날이 와버리고 만다. 적당히, 대충, 자연스레 처리하고, 남은 시간은 일이나 취미에 소비하는 생활은 내겐 불가능하다. 매일 감각포화로 구토를 하고, 플래시백으로 공황에 빠져, '가사'만으로 끝나는 일상으로 돌아가고 만다. 그것을 생각하면 '죽음'이라는 글자가 머리를 스쳐간다.

그렇게 말하자 구마가야 씨의 얼굴이 온화한 표정으로 돌아와 다음과 같이 말했다.

"그거라면 잘 알겠어요. 아야야 씨에게 있어서의 '집안일'은 나에게 있어서의 '재활'로 바꿔 말할 수 있을 듯해요. 주위로부터도, 자신으로부터도, 자기 몸의 불완전함을 매일 강요받고 끝없는 요구를 받아 자신을 잃어가는 곳이라는 공통점이 있는 것 같아요. 저 자신도 체력에 자신이 없고, 지금의 생활 패턴이 파탄나서 이전의 재활과 같은 세계로 되돌아갈지 모른다는 공포심이 항상 있습니다. 우선은 근처의 친한 사람들에게 아야야 씨가 집안일로 인해 얼마나 지쳐버리는지를 설명할 필요가 있지 않을까요.

'지금까지 어떻게든 아슬아슬하게 버텨 왔지만, 이제부터는 도움을 받고 싶다'는 것을 설명할 때에는 비결이 있어요. 절대 '나는 가사노동이 불가능하다'고 말하지 않는 거예요. 그런 식으로 표현하면, 남들은 '그래도 지금까지는 잘 하지 않았냐', '할 수 있는 만큼만 해 보자', '할 수 없다고 포기하고 게으름피우는 거냐', '누구는 안 힘들어서 하는 줄 아느냐!'와 같은 눈초리로 본인의 노력이 부족하다는 공격을 쉬지 않고 퍼붓겠죠. '하지 못하는 것은 안 해도 되지만, 할 수 있는 것은 해주지 않으면 안 된다'는 논리에 얽히게 되어버리겠지요.

하지만 원래 열심히 하면 할수록 가능한 범위는 넓어지기 마련이에요. '할 수 있다 / 못 한다'의 경계선은 미리 그어놓는 게 아닙니다. '할 수 있다 / 못 한다'라는 질적인 이율배반이 아니라, '할 수는 있으나, 얼마만큼의 부담이 수반되는가'라는 양적인 문제로 전달할 필요가 있어요.

그러므로 '할 수 있으나 하지 않습니다'라고 말하는 것이 중요합니다. 거짓말하는 것도 아니고, 오히려 그게 정확합니다. 저의 경우라면 '스스로

214

욕조에 들어갈 수는 있지만, 그렇게는 안 할거에요. 자력으로 한다고 하여 2시간이나 욕조에 시간을 뺏기고 있으면, 그것만으로 하루는 끝나고 말아요'라고 말하는 겁니다."

다음 날, 가사노동에 대해 가장 부담을 떠안고 있는 어머니에게 그것을 알렸다. 어머니는 떨떠름한 얼굴로 순간 입을 다무셨지만, 조금 지나서 말을 이어갔다.

"너처럼 '나는 할 수 없다'라고 자각할 수 있을 때 다른 사람에게 부탁하는 것은 좋은 것일지도 모르겠구나. 나이를 먹으면 운전이나 돈 계산과 같은 능력이 떨어지곤 하는데, 정작 본인은 이를 하지 못한다는 걸 자각하지 못한 채 '잘 해내고 있으니까 괜찮다'고 단정 지어 버리면 오히려 주변을 곤란하게 할 수도 있는 거니까."

'가사를 챙기지 않겠다'는 나의 이번 제안은, '다수의 타인과 나는 다르다'는 것을 전한 것이었다. 그럼에도 불구하고 그 제안을 받은 어머니는 '너만 특별 취급할 수는 없어. 우리도 힘드니까 너도 열심히 해야만 해'라는 형태로 재차 동일한 기존의 방식으로 접근하는 것이 아니라, 노화를 자각하기 시작한 자신의 처지에 입각하여 공감하며 들어주었다. 즉, '나에게도 일어날지 모르는 문제'로서 수용하려 한 것이다.

이와 같이 구마가야 씨도 어머니도, 나의 문제에 대해 처음에는 당황했지만 최종적으로는 과소평가하거나 부인하는 일 없이, 상상력을 동원하여 자신의 문제로 바꿔서 생각하였다. 그리고 이렇게 하여 사람과 사람 사이에는 '같지도, 다르지도 않다'는 상호 이해가 깊어져 간다는 것을 느낄 수 있었다. 비장애인과 장애인은 스펙트럼 위에 있으며, 장애인 안에서도 스펙트럼이 펼쳐져 있다. 이처럼 다양한 사람들의 연속성의 세계 속에서, 동일성을 강요하는 것도, 차이를 일부러 논하는 것도 아닌, 다양한 사람들이 다양한 그 모습 그대로 연결될 수 있었으면 좋겠다고 생각한다.

　마지막으로, 본서 작성에 있어서 이제까지 나를 지탱해 준 가족, 친구, 각 분야에서 유익한 조언을 해준 연구자분들께 감사의 말씀을 드리고 싶다. 또한 '우리 두 명의 활동 스타일을 상징하고 있는 듯하다'라며 한눈에 매료되어 버린 작품을 겉표지 도안으로 사용하는 걸 흔쾌히 허락해 주신 코르크 인형작가 마미코 씨와 사진작가 사카노 씨에게, 그리고 우리에게 집필의 기회를 주어 새로운 세계를 열 기회를 주신 의학서원의 시로이시(白石) 씨에게 감사드린다.

발달장애 당사자연구

자폐인이 몸, 그리고 세계와 관계맺는 방식

초판발행 ǀ 2025년 10월

지은이 ǀ 아야야 사츠키(綾屋紗月)·구마가야 신이치로(熊谷晋一郎)
옮긴이 ǀ 유기훈·안병은·봉성균

펴낸곳 ǀ EM실천
주소 ǀ 서울 금천구 서부샛길 648 대륭테크노타운 6차 1004호
전화 ǀ 02)875-9744
팩스 ǀ 02)875-9965
이메일 ǀ em21c@hanmail.net

ISBN   979-11-981847-1-9   03330

Authorized translation from the Japanese language edition, entitled
シリーズケアをひらく 発達障害当事者研究 ゆっくりていねいにつながりたい
ISBN: 978-4-260-00725-2
著者 : 綾屋 紗月 熊谷 晋一郎
published by IGAKU-SHOIN LTD., TOKYO Copyright© 2008